역량기반 교육과정의 이해

| 허지원 저 |

교육아카데미

서문

4차 산업혁명 시대를 맞이하며 급변하는 미래사회에 필요한 인재를 양성하는 대안으로 떠오른 것 중 하나가 바로 '역량기반 교육'이다. 오늘날, 이 '역량'이란 단어는 직업 현장, 교육현장을 비롯해 일상적인 상황에서도 흔히 사용되는 보편적인 용어가 되었다. 그렇다면 이 역량을 기반으로 하는 교육, 즉, '역량기반 교육'이란 도대체 무엇이며, 어떻게 실천해야 하는 것일까?

'역량기반 교육'은 불확실한 미래사회를 주도할 인재 양성을 위한 대안으로 떠오르며 다소 산발적이고 급진적으로 전개되어 온 경향이 있다. 따라서 이 책은 역량기반 교육이 무엇인지 알고자 하는 이들, 역량기반 교육 혹은 역량기반 교육과정 및 프로그램을 개발하거나 운영하고자 하는 이들에게 도움을 주고자 만들어졌다.

가장 먼저 역량기반 교육이란 무엇인가?라는 질문에 답을 하고자 노력하였다. 그 이유는 개념이 바로 세워진다면 개념의 오류로 인해 발생될 많은 문제들이 예방되기 때문이다. 따라서 이 책은 직업 현장에서 출발하여 다소 산발적이었던 '역량기반 교육'의 학교 현장 도입 배경과 개념을 명료하게 제시하고, 다각적인 측면에서 고찰하여, 새로운 관점을 제안하고자 노력하였으며, 특히 서양에서 출발한 역량의 개념을 반영한 역량기반 교육을 교육본위론적 관점에 비춰 보다 우리의 것으로 이론 확장을 하고자 노력하였다는 점에서 의의가 있다고 할 수 있다.

이 책의 주요 내용은 다음과 같다.

기존의 '역량기반 교육' 연구나 문헌은 역량에 대해서는 상대적으로 깊은 이해를 보여주지만 교육에 대해서는 그 논의의 흔적을 찾아보기 어렵다. '역량기반 교육'을 그대로 나열하면 '역량의 개념을 기반으로 한 교육'이라 할 수 있다. 따라서 '역량기반 교육'을 올바로 이해하려면 역량의 탐색과 더불어 '교육'의 의미도 균형 있게 탐색하는 과정이 반드시 필요하다.

이 책은 이러한 '역량기반 교육' 개념의 불균형 문제를 지적하고 개념적 이론의 확충을 통해 이 문제를 해결하는 것을 궁극적인 목적으로 삼고, 그 대장정의 과정을 크게 두 단계로 나누었다.

첫 번째 단계는, 역량을 중심으로 한 기존의 '역량기반 교육'의 개념 체제 분석과 그에 대한 비판적 고찰이고, 그 결과를 논의의 기초로 삼아 다음 단계에서 교육을 중심에 둔 '역량기반 교육'의 본질을 탐구하여 최종적으로 '역량기반 교육'의 균형 있는 개념 제시를 기반으로 '역량기반 교육'이 보다 내실화를 갖추고, 교육으로서 의미있는 활동이 되는 데 도움을 주는 것을 목표로 하였다.

먼저 '역량기반 교육'의 전반적인 이해를 돕기 위해 '역량기반 교육'의 역사적 전개와 주요 연구 동향 및 성과, 그리고 내부 성찰을 소개하였다. 그 내용을 간략히 소개하면 다음과 같다.

첫째, 역량의 시대별 역할이 1960년~1970년대에는 사회・심리적 측면에서의 선발기능, 1990년대에는 직업 세계 측면에서의 평가기능, 2000년대부터 오늘날에는 OECD의 연구를 계기로 개인의 삶의 질을 위한 필수 능력을 의미하는 것으로 변화해 왔다. 그리고 이러한 역량의 개념이 어떠한 목적에서 교육현장에 도입 되었는지 그 역사적 경로를 탐색한 결과 학자들마다 다소의 이견은 있으나, 교육을 통해 역량을 기를 수 있고, 이렇게 길러진 역량이 4차 산업혁명의 도래라는 새 시대의 변화에 유연하게 대처할 수 있는 기능이라고 여기기 때문이었다. 그리고 여기에서 주목할 점은 우리나라는 정부 주도하에 '역량기반 교육'이 학교현장에 도입되었고, 그 결과 미국, 영국, 캐나다 등 '역량기반 교육'의 선두 국가들에 비해 시작은 다소 늦은 감이 있지만, 그 전개 과정은 매우 빠르게 진행되었다는 것이다. 하지만 이러한 연유로 '역량기반 교육'을 실행에 옮기는 과정에서 적잖은 혼란과 문제를 야기하였다.

둘째, 역량의 개념이 학교 현장으로 유입된 시기부터 현재까지의 '역량기반 교육'의 주요 연구 동향을 살펴본 결과 시기별로 관심을 가졌던 주제가 뚜렷하게 구분되었다는 것을 알게 되었고, 그 사실을 기반으로 국내 '역량기반 교육' 연구의 시대구분과 내용제시를 하였다.

1900년대 말~2000년대 초인 '제1기 역량기반 교육 연구'에서는 주로 '역량기반 교육'의 의미 탐색에 집중하였고, 2000년대 초~2015 개정 교육과정이 시행된 시점에 이르는 '제2기 역량기반 교육 연구'에서는 공급자 중심의 연구가, 2015 개정 교육과정 적용 시점~현재에 이르는 '제3기 역량기반 교육 연구'에서는 학습자 중심의 연구가 진행되었다.

더불어 주요 연구 성과로는 우리나라만의 핵심역량이 도출되었다는 점, 이 핵심역량의 함양을 위하여 국가수준 교육과정을 개편하는 작업이 이루어져 학교교육과정의 역할을 환기시키는 효과를 거두었다는 점, 포스트 OECD DeSeCo 프로젝트라 불리는 OECD Education 2030 프로젝트에 참여하여 우리만의 교육과정 내용 맵핑(Curriculum Content Mapping : CCM)개발, 학습 프레임워크(Learning Framework)개발, 교육과정 분석(Curriculum Analysis)을 하였다는 점과 끝으로 여전히 '역량기반 교육'이 개념 체제와 실행방법에 대한 부실 문제가 혼재되어 있지만 새로운 시도와 제안들이 여러 장벽에 부딪혀 논의에만 그치는 경우가 많은데, '역량기반 교육'을 둘러싼 많은 논의와 연구들이 기반이 되어 교육과정이 설계되고, 학교 현장에서 실행되고 있다는 점이 '역량기반 교육'이 해결하지 못한 문제를 잠시 차치하더라도 '역량기반 교육' 연구의 대표적인 성과라 할 수 있겠다.

마지막으로 '역량기반 교육'의 올바른 안착을 위해 필요한 과정인 성찰, 즉 민낯을 드러내고 솔직한 의견을 수집하기 위해 '역량기반 교육' 관련자 – 제안자 혹은 입안자, 이론적 검토자, 실행자 - 들의 내부 성찰을 조사하였는데, 그 결과 공통적인 비판의 목소리는 여전히 '역량기반 교육'의 근원적 문제라 할 수 있는 개념 체제가 부실하다는 점, 실행 부분에 대한 명확한 계획이나 방법이 아직까지 미흡하다는 점, 그리고 평가시스템이 부재하다는 점 등을 문제로 거론하였다.

각각의 입장에 따라 밝힌 한계점으로는 먼저, 제안자이자 입안자적 역할을 띠고 있는 정책연구기관은 핵심역량과 추구하는 인간상과의 직접적인 관련성이 부족해 보인다는 지적을 하였고, 2015 개정 교육과정 문서에서 핵심역량이 아닌 '교과 역량'을 제시하는 등의 문서상의 모호함을 스스로 성찰하였다. 이론상 검토자 역할을 담당하는 학계에서는 구체적인 실천 행동에 한정시켜 목표를 설정하면 결국 지식의 범주와 깊이가 축소될 것이며, 학습자들의 지적 호기심을 저해하고 기계적 반응만을 훈련시키게 될 것이라는 우려의 목소리와 함께 학교가 윤리와 가치를 배제하고 사회의 경영적 마인드에 포섭되는 상황을 안타깝게 바라보았다. '역량기반 교육'을 실제 실행하는 학교-교사들은 '역량기반 교육'의 이해와 적용에 대한 모호성, 교육부에서 제시한 총론과 정책연구를 비롯한 관련 선행 논의와의 탈맥락적 현장 적용, '역량기반 교육'에 대한 자의적 해석 및 활용, 어쩔 수 없는 교육정책의 변화 속에서의 보여주기식 적용 방식 등 '역량기반 교육'을 실천하는 데 있어 많은 문제가 혼재한다고 토로하였다. 이상과 같이 역량이 '역량기반 교육'으로 학교 현장에 도입되기까지의 역사적 전개와 그 과정에서의 연구 동향 및 성과 그리고 내부 성찰을 통한 반성까지 '역량기반 교육'을 이해하기 위한 전반적인 배경을 소개하였다.

이를 토대로 '역량기반 교육'을 비판적으로 고찰하였다. 그 결과 지금의 '역량기반 교육'의 개념 체제를 분석하고, 그 안에 내재 된 교육관을 비판적인 시각에서 고찰하였으며, 이러한 개념이 인과적 논리를 넘어 실제 세계에서 적합성을 띠는지 검증하고, 그 과정에서 문제점을 도출하고자 '역량기반 교육'의 실천사례를 고찰하였다. 그 결과를 일부 소개하면 다음과 같다.

첫째, 먼저 기존 문헌들이 '역량기반 교육'의 개념 체제를 어떻게 구성하였는지를 이해하기 위해 역량의 개념 정의 체제를 분석하였고, 그 결과 '실제상황', '수행능력', '성과 중시', '개인의 내적 특질', '학습 가능성'의 다섯 가지 조건을 도출하였다. 이 다섯 가지 조건을 수반한 역량 개념이 '역량기반 교육'의 개념 체제를 구성하기 위해 '실제상황'은 '지식기반 사회'로, '수행능력'과 '성과 중시'는 '행동주의 목표'로 '개인의 내적 특질'과 '학습 가능성'은 '핵심역량'으로 확장·변형되었고, 여기에 '직업 세계의 요구'와 '커리큘럼'이 개념 체제의 조건에 추가로 도입되었다는 사실을 최종적으로 도출하였다.

둘째, 그러나 이 정도의 규정만으로 '역량기반 교육'의 개념 체제가 충분히 드러날 수는 없다고 판단하여, '역량기반 교육'에서 '교육'을 어떻게 바라보는지, 어떻게 하겠다는 것인지 '역량기반 교육'의 교육에 관한 체계적인 사고방식을 장상호(2009a, 2009b, 2003, 2005, 2020)가 제시한 네 가지 오도된 교육관에 기반을 두고 비판적인 시각에서 고찰하였다.

그 결과 '역량기반 교육'에서의 '교육'은 특별한 의미를 담기 보다는 학생들의 학교 여건을 상식과 제도 차원에서 습관적 표현으로 사용하는 관습적 교육관이 발견되었다. 더불어 역량함양이라는 결과를 목표로 내세우고 그것을 실현하는 과정이 '교육'이라고 보는 결과위주의 교육관이 대부분의 정의에서 발견되었으며, 용병학문적 교육관도 드물게 발견할 수 있었는데, '역량기반 교육'을 아동중심 교육, 역량 모델 등에 기반한 모 학문의 현상을 교육현상인 것처럼 의미를 확대해석하였다. 마지막으로 '역량기반 교육'을 과학과 실증주의의 논리를 적용하여 막연한 결과위주의 교육관을 극복하는 대안으로 여기는 과학주의적 교육관으로 바라본 사실도 발견할 수 있었다.

셋째, '역량기반 교육'을 실제 적용해본 학교들의 사례를 목적, 내용, 방법, 평가로 나누어 분석하였다. 그 결과, 목표 측면에서는 특정 역량 신장이 학교 교육을 통해 가능하며 이를 통해 인재를 양성할 수 있다는 교육이 가져올 수 있는 긍정적 효과를 기대하며 교육을 기능으로 규정하거나 가치를 실현하는 도구로 이해하는 태도를 보이고 있었다. 내용 측면에서는 크게 교과(군)와 창의적 체험활동으로 나누어 내용의 구성 및 조직이 이루어지고 있었다. 먼저 교과(군)는 주제중심 융합교육방식을 취하여 관련 교과들과 협력을 통한 수업을 시도하기도 하였다. 교육과정 내용체계는 '영역 - 핵심개념 - 일반화된 지식 - 내용 요소 - 기능(역량)'으로 성취기준 또는 역량중심의 내용 작성 방식을 띠었다. 창의적 체험활동에서는 역량함양을 위한 프로그램을 개발하거나 기존에 있던 학교행사(학예회, 체험학습 등)나 기존 프로그램을 핵심역량과 관련지어 내용편성을 하였는데, 역량이 습득되고 발현되는 복잡한 메커니즘은 간과된 채 기존의 교과 활동과 역량을 편협하게 연관시키고, 이해하는 경향을 보였다. 방법 측면에서는 학생참여형 수업, 교과 내 수업보다는 교과 간 통합, 평가 설계로부터 교육과정 개발이 이루어지는 거꾸로 된 양상을 보였으며, 기존의 수업 시간 내에서의 활동이 아닌, 별도의 '역량기반 교육' 프로그램을 운영하였고, 시험이 끝난 직후나 정규교과 외의 시간을 활용하여 운영하였다. 그리고 이러한 내용에 학생과 학부모들은 만족하면서도 기초학력 저하와 입시에 안 좋은 영향을 미칠까 걱정하는 태도를 동시에 보였다. 평가 측면에서는 역량 요소를 단순히 범주화·표준화하는 오류를 범하였고, 과정중심평가인 수행평가를 시행하였으나, 학습자의 성과 확인이 어렵고, 평가 기준 설정이 모호하며, 정량화가 어려운 상황으로 인한 갈등이 나타났다. 특히 고등학교에서는 학생들이 생활기록부 반영 여부에 조건화되어 참여하는 현상이 나타났다. 특히 현재로서는 담당 교사의 관찰에 의한 평가방법 외에 역량의 함양이 달성되는지의 여부를 확인할 수 있는 평가방법이 없어 그 대안 마련이 시급한 것으로 나타났다. 끝으로 역량을 기반으로 하는 교육이라면 적어도 역량과 교육의 개념, 역량과 교육의 관계에 대한 사실, '역량기반 교육'이 지향하는 가치를 가장 기본적인 이론적 전제로 포함하고 있어야 하는데 학교 현장 적용사례에서는 이를 발견하기 어려웠다.

이상과 같이 직업 현장에서 출발한 다소 산발적인 '역량기반 교육'의 개념 체제를 논리적인 구조로 분석하여 간결·명료하게 제시하였고, 난맥상의 교육관을 비판적으로 고찰하였다는 점과 단순히 논리적 인과관계에 의한 주장이 아닌 실제 세계 즉, 학교의 운영사례를 목표, 내용, 방법, 평가의 부분으로 나누어 심도 있게 분석하여 도출한 개념 체제가 현장에서 적용되고 있다는 적합성을 토대로 다각적인 측면에서 연역적·귀납적으로 개념 체제를 검증하였다는 점에서 의의가 있으며 이는 '역량기반 교육'에 내재 된 '교육'의 본질 탐구와 방법적 개선의 필요성을 시사하는 데 많은 도움이 되었다.

이상의 모든 결과들을 토대로 이 책의 궁극적 목표인 '역량기반 교육' 개념의 불균형 문제를 해결하기 위한 이론적 확충을 시사하기 위하여 다음과 같은 조건을 제시하였다. 첫째, 경험의 계속성 충족, 둘째, 상호작용의 성립, 셋째, 교육의 자율성 확보, 넷째, 교육의 내재적 가치구현이다. 이 네 가지 이론적 확충을 통해 기대하는 '역량기반 교육'의 양상은 다음과 같다.

첫째, '역량기반 교육'이 경험의 계속성을 통해 학습자의 가치 있는 성장을 도모할 것이다. 역량함양을 위한 별도의 활동을 하는 것이 아닌 이전의 교과(지식) 즉, 경험이 이후의 교과(지식) 경험으로 이어지는 계속성의 과정 중에서 이것들을 단순 암기와 축적이 아닌, 경험의 변환을 통한 질적・구조적 성장이 이어질 수 있도록 교과를 계속성의 원리에 기반한 소재로 삼아 '역량기반 교육'을 해야 한다. 그리고 함께 살펴야 하는 또 다른 조건은 학습자 경험의 계속성이다. 교과는 학습자의 성장단계와 무관하게 그 자체로 가치 있는 것이 아니라, 학습자와의 상호작용을 통해 경험의 성장에 도움이 될 때 비로소 교육적 가치를 갖기 때문이다. 따라서 경험의 계속성을 충족한다면 학습자의 가치있는 성장을 도모할 수 있을 것이다.

둘째, '역량기반 교육'이 상호작용의 성립을 통해 학습자의 흥미와 관심을 유발할 것이다. 역량기반 교육'에서 필요로 하는 상호작용이란 한 개인이 종적인 측면에서 경험을 지속적으로 확장 시켜 나갈 때 그 결과를 주위의 환경과도 재구성하여 수직-수평적으로 지평을 확대해 나가는 것을 말한다. '역량기반 교육'에서의 상호작용은 학습자의 발달 단계와 요구에 맞춰 경험을 제공하고, 학습자가 지닌 현재의 경험 수준의 한계를 극복하고 그것을 다음 단계로 재구성해 나갈 수 있는 힘을 말한다. 수많은 역량 중 반드시 갖추어야 하는 역량으로 추출된 핵심역량에 특정 지어 단지 기술적으로 훈련하고 연마하는 데 초점을 두어서는 안 된다. 그것이 학습자의 관심과 흥미의 대상이 되도록 해야 하며 그러기 위해서는 학습자의 발달 단계와 서로 맞아 어울리는지를 중요하게 살펴야 한다. 이러한 상호작용의 원리가 '역량기반 교육'에 능동적으로 결합하게 되면, 그것은 '역량기반 교육'이 좀 더 교육적으로 중요하고 가치 있는 것이 되는 데 가까이 갈 수 있을 것이다.

셋째, '역량기반 교육'에서의 교육의 자율성 확보를 통해 '역량기반 교육'은 교육으로서 가치있는 활동이 될 것이다. 역량과 교육은 서로 다른 가치와 구조를 가지며 이 둘은 공존, 지원, 협동이라는 조화를 이루며 서로의 발전에 기여할 수도 있고, 반대로 대립, 갈등, 상충하며 그것을 저해할 수도 있다. 이 상호 이질적인 두 영역이 각자의 성격을 간직한 상태에서 서로 조화를 이루며 협동하는 교차 지점에 진정한 '역량기반 교육'이 성립하게 되는 것이다. 직업 현장에서의 기능 중심의 역량이 아닌, 역량을 기반으로 하는 '교육'을 하겠다면 일차적 조건은 인간 삶의 한 맥락에서 자율적인 교육으로서의 '역량기반 교육'을 지각하여 기존의 상식적 태도에서의 '역량기반 교육'을 지양해야 할 것이다. 이상과 같이 '역량기반 교육'에서 교육의 자율성을 확보한다면 '역량기반 교육'은 보다 내실화를 갖추고 발전할 수 있을 것이다.

넷째, '역량기반 교육'에서 교육의 내재적 가치구현이 가능할 것이다. 교육의 내재적 가치에 기반을 둔 '역량기반 교육'은 순수한 교육활동에 몰입하여 활동 자체가 그저 좋아서 지속적이고, 장기적인 교육활동이 가능하며 그 과정에서 주체는 다양한 경험을 통해 현재 자신의 품위가 상위의 품위로 확장되고, 교육의 원동력인 상구교육과 하화교육의 공조가 증폭되어 외재적 가치까지 수반되는 교육과 역량이 조화를 이룬 '역량기반 교육'이 될 것이다.

이상에서 소개한 '역량기반 교육'의 개념적 확충 양상을 통해 그간 역량을 본위로 하였던 '역량기반 교육'의 개념을 교육을 본위로 한 '역량기반 교육'의 개념 체제 제시를 통해 개념의 불균형 문세를 해소하고, '역량기반 교육' 실천의 신덕의 폭을 넓혀 '역량기반 교육'의 가치구현과 주체의 무한한 성장이 가능할 것이라고 기대한다.

2023년 12월

저자 허지원

차례

제 I 부 역량기반 교육과정의 역사적 이해

제 II 부 역량기반 교육의 동향과 성과

第Ⅳ部 역량기반 교육 개념의 이론적 확충

제 I 부

역량기반 교육과정의 역사적 이해

역량기반 교육을 그대로 풀어 나열하면, 역량의 개념을 기반으로 한 교과 혹은 수업 과정이라 할 수 있다. 이 역량의 개념이 합일점을 찾지 못한 데에는 다양한 접근에 바탕을 두고 있기 때문이다(Grzeda, 2005). 따라서 본 장에서는 역량기반 교육의 개념 체제를 명료화하여 역량기반 교육을 올바로 이해하기 위하여 역량의 개념이 학교 현장에 도입된 출발점에서부터 그 등장 배경을 살펴보고, 이 과정을 역량기반 교육의 의미와 개념을 이해하는 첫 번째 토대로 삼고자 한다.

제1장 서론 : 역량기반 교육 이론확장의 필요성
제2장 역량기반 교육의 역사적 전개
제3장 역량기반 교육 관련 대표적 이론

제1장 서론 : 역량기반 교육 이론확장의 필요성

오늘날 지식의 폭발적 증가와 융합의 가속화로 교육현장에서는 교육의 목표, 교과 내용 및 방법 등 교육 전반을 다시 고민할 수밖에 없는 시점에 다다랐다(백승수, 2017). 또한 교육은 교육의 대상이 영위하는 삶의 시점이 미래라는 점에서 필연적으로 미래사회 전망과 연결된다(강이화, 2019). 더욱이 4차 산업혁명 시대라는 새 시대를 맞이하고 있는 지금의 상황에서 이러한 고민은 더욱 극명한 사실이라 할 수 있다. 하지만 영국의 유명한 철학자이자 심리학자인 허버트 스펜서(Herbert Spencer, 1859)가 「가장 가치 있는 지식은 무엇인가?(What knowledge is of most worth?)」[1]라는 그의 저서를 통해 질문을 던진 140여 년 전이나 지금이나 교육계는 이 질문에 대한 답을 찾기 위해 고군분투 중이다. 즉, 산업혁명과 같은 기술혁신에 수반한 사회・경제 구조의 변혁이든, 새 정부 출범과 같은 정치・사회적 교체가 원인이든, 시대에 따라 다양한 요구로 인해 과거부터 새로운 '교육혁신'과 '교육개혁'의 기치는 늘 끊임없이 시도되어져 왔다.

특히 교육계는 이러한 사회의 요구에 있어 늘 새롭고 희망찬 교육 패러다임을 제시해야 하는 책무를 느껴왔고, 최근의 시도들로는 융합인재교육(STEAM), 자유학기제(free semester), 역량기반 교육과정(competency based curriculum) 등이 대표적이라 할 수 있다. 이 중에서도 특히 역량기반 교육과정은 초등학교를 시작으로 중등학교를 거쳐 최근 고등교육기관인 대학에까지 적용을 확대하여 역량 개념을 핵심 의제로 활발한 논의가 펼쳐지고 있다.

그런데 이 '역량'이라는 개념은 교육계가 아닌 산업계 즉 직업교육 훈련 분야에서 먼저 보편화 되었다. 지식기반사회는 자본으로서의 지식을 중요시 여기게 되

1) What Knowledge Is Of Most Worth; Volume 3, Issue 138 Of Elzevir Library Herbert Spencer J. B. Alden, 1884 Philosophy; Epistemology; Knowledge, Theory of; Philosophy/Epistemology

었고, 이러한 사회 풍토 속에서 개인은 지식의 생성, 저장, 활용, 가공에 필요한 기본적인 능력뿐만 아니라 지식을 활용할 수 있는 고도화 과정, 즉, 아이디어, 가치, 습관 등을 활용하여 직접적인 결과물을 재창출하는 실천적 능력을 요구받게 되었다. 이에 많은 국가들이 지식자본 확보의 일환으로 창의적인 인재 양성에 주력하였다. 국내・외의 선도적 기업들이 기치로 내걸고 있는 '인재 전쟁' 또는 '인재야말로 기업의 가장 중요한 자산'이라는 표현에서도 단적으로 드러나듯이, 기업 전략에 맞는 우수 역량을 보유한 핵심 인재를 확보하고 육성하는 일이 최우선 과제가 되고 있는 것이다(이재경, 2002). 따라서 산업계에서는 해당 직무를 수행하는 데 필요한 지식을 활용하여 사고의 틀에서 벗어나 전문성을 발휘하고, 특정한 기술을 적용하여 조직이 추구하는 가치를 능동적으로 창출해내는 종합적인 능력을 역량이라고 하며 역량 개념을 활발히 적용하였다.

그렇다면 지식기반사회에서 교육계의 상황은 어떠한가? 교육계는 지식과 가치 창출이 가능한 창의 인재를 양성해야 한다는 요구에 직면해 있다. 오늘날 우리는 학생들이 학교 교육을 통해 단순히 교과 지식을 축적하기보다는 실제로 무언가를 할 수 있는 능력을 갖추기를 더 기대한다(소경희, 2009). 세계적으로 학교 교육에서 역량에 대한 관심을 촉발시킨 도화선은 2002년 OECD의 DeSeCo (Definition and Selection of Competencise) 프로젝트이다(한혜정 외 2002). 이 연구 보고서에서는 역량이 단순히 지식이나 기술을 넘어서 특정한 맥락에서 기술이나 태도 등을 동원하여 복잡한 요구를 충족하는 능력으로서의 핵심역량을 규명하고, 그러한 역량을 키워줄 수 있는 제도적 지원체제 및 장치에 대해 논의하였다. 이를 토대로 유럽이나 뉴질랜드, 호주, 캐나다 등의 영어권 나라에서는 초・중등교육을 통해 길러져야 할 핵심역량을 중심으로 교육과정을 개편하기 시작했다(박민정 2009).

우리나라도 2007년 8월 대통령자문 교육혁신위원회의 '미래교육비전과 전략(안)'에서 기존의 지식 중심 교육과정에서 벗어나 미래사회에서 요구되는 핵심역량을 중심으로 교육과정을 개편하자는 제안을 한 바 있으며, 2008년 교육과학기술부에서도 주요 국정과제 중 하나로 추진되었던 '교육과정・교과서 선진화'와 관련하여 미래사회에 필요한 핵심역량 개발을 위한 교육과정 개편에 대해 언급하였다(한국교육과정평가원, 2008). 한국교육과정평가원에서도 2007년부터 3개년 계획으로 핵심역량과 관련된 연구(윤현진 외, 2007; 이광우 외, 2008; 이광우 외, 2009)를 수행하였고, 이후에도 국가 교육과정 총론과 교과 교육과정에 핵심역량을 반영하여 재구조화하는 방안을 연구(이근호 외, 2012, 2013a; 이광우 외, 2014; 박순경 외, 2014; 한혜정 외, 2016), 핵심역량함양을 위해 교수·학습 및 평가 방법을 연구(김동영 외, 2013; 김창환 외, 2013; 남궁지영 외, 2015; 박선화 외, 2017; 이근호 외, 2013b; 이상하 외, 2014; 이인화 외, 2017)하였고, 더불어 역량기반 교육과정 '교사교육' 연구(박영숙 외, 2015, 2017; 최승현 외, 2011; 홍선주 외, 2017) 등 다양한 연구가 이루어졌다. 한국교육개발원에서도 핵심역량과 관련한 학습생태계를 탐색한 연구(최상덕 외, 2013, 2014, 2015)를 비롯해 다양한 연구를 수행하였다. 이러한 다양한 연구 결과와 논의를 기반으로 하여 2009 개정 교육과정이 추구하는 인간상을 기초로 미래사회가 요구하는 6가지 핵심역량을 제시하며 역량기반 교육과정을 중심으로 2015 개정 교육과정이 발표되었다. 그리고 이 2015 개정 교육과정에서 기대하는 효과는 '교사가 무엇을 어떻게 가르칠 것인가'에서 '학습자가 배운 내용을 바탕으로 무엇을 할 수 있어야 하는가'로 교수·학습의 초점이 이동되고, 학습의 전이됨을 알 수 있다.

국가 수준 교육과정은 말 그대로 국가 차원에서 교육과정을 제시하는 것으로 홍후조(1999)는 우리나라 국가 교육과정은 '개정 → 고시 → 시행'의 단계를 거쳐 고등학교 이하 모든 학교급을 포함하고 국어, 수학, 과학, 등 모든 교과를 포괄하는 전면적 개정 방식을 취하고 있다고 하였다. 즉, 학생들이 무엇을 배우고, 배운 것을 어떻게 평가받아야 할지에 대한 국가 차원의 종합적인 설계 작업이며, 이러한 틀을 기준으로 하여 우리나라 대부분의 초·중·고 학교 교과들의 교수설계가 이루어지고, 평가 방법이 정해지며, 그것들이 학교 생활기록부에 반영되어, 종국엔 대학입학전형에까지 영향을 미치므로, 새로운 국가 수준의 교육과정 도입은 우리나라 학교 교육 전체에 엄청난 영향을 미치는 막중대사라 할 수 있다. 따라서 2015 개정 교육과정 도입을 시작으로 '역량기반 교육'을 대학에까지 확대・적용하는 현시점에서 '역량기반 교육'에 대한 심도 깊은 논의가 필요하다.

교육계에서 '역량기반 교육'을 주제로 한 문헌들을 살펴본 결과 연구 주제를 크게 둘로 나눌 수 있었다. 첫째, 초기 대부분의 연구들은 역량의 개념적 의미를 탐색한 연구들(박민정, 2009; 소경희, 2003, 2006, 2009; 소경희 외, 2007, 2013; 손민호, 2006; 송경오, 박민정, 2007; 윤정일 외, 2007)이었다. 이들 연구들은 대부분 담론 수준에 머물고 있었다. 이후 2015 개정 교육과정 마련을 위한 준비 시기, 혹은 도입 시기에는 역량의 개념을 이해하는 수준을 넘어 핵심역량과 교과 역량을 이해하려는 연구들(구교은, 2015; 김해윤 외, 2012; 박순경 외, 2014; 백남진, 온정덕, 2014; 백은진, 2015; 서영진, 2015; 소경희 외, 2013; 안유정, 2016; 이경호, 안선회, 2014; 이근호 외, 2012, 2013a; 이광우 외, 2014; 이상은, 2018; 이흔정, 2010; 조상연, 2015; 최연아, 2015; 한혜정 외, 2016; 홍원표, 곽은희, 2014; 홍원표, 2017)로 확대되었다. 두 번째는 역량의 개념을 적용한 프로그램 개발 연구(권해수 외, 2011; 김동일, 2009; 김창대 외, 2008; 박현정 외, 2007; 문용린 외 2007; 윤희정 외, 2018; 이병준, 2016; 이재경, 2002; 최윤임, 2009)였다. 이 연구들은 핵심역량을 정의하고, 선택하여 그 역량을 효율적이고 효과적으로 성취하는 방법으로써 역량기반 프로그램을 개발하고 그 결과를 평가하는 시도들이었다. 즉, 기업이나 학교에서 원하는 수행의 결과나 목표를 설정하고 그 목표를 성취하는 수단이 역량임을 증명하고, 그 역량을 함양하는데 적용 가능한 프로그램을 제시하려 노력하였다.

그렇다면 이와 같이 다양한 연구와 국내 초・중등학교에 '역량기반 교육'이 도입된 지 어느 정도의 시간이 흐른 지금의 시점에서 다음과 같은 질문을 제기할 수 있다. 지난 20여 년 동안 많은 연구자들은 '역량기반 교육'을 이해하기 위해 많은 고민과 연구를 하였지만 '역량기반 교육'이 종래에 확대・적용되고, 긍정적인 측면이 부각되고 있음에도 불구하고, 여전히 그것을 향한 비판 또한 활발히 제기되고 있다. 이는 아직 학교 현장에서 '역량기반 교육'에 대해 제대로 이해하지 못하고 있다고 해석되고, 학교 현장에서 교육부에서 제시한 교육과정 총론만을 의지하기에는 교사들에게 전하(轉荷)된 역할과 책임의 무게가 너무 크다고 볼 수 있다. 이렇듯 '역량기반 교육'과 관련한 많은 논의들은 그 동안의 성과에도 불구하고, 일정한 한계를 갖고 있다. 즉, '역량기반 교육'이 시대의 요구에 의해 학교 교육과정의 역할을 환기시키는 효과는 거두었지만 학교 현장에서 어떻게 실천될 수 있는지를 제시하는 단계까지는 나아가지 못했다는 것이다. 교육과정의 변화는 문서상의 변화로 끝나는 것이 아니라 학교 현장에서의 구체적인 수업과 학생들의 경험을 통해 실현되어야 한다(홍원표, 2010). 그렇다면 기존의 연구들은 왜 '역량기반 교육'의 실행 측면에 대한 구체적인 방안과 평가 방법을 제시하지 못하였을까? 그것은 '역량기반 교육'이 무엇인지 그 개념이 명확하지 못하였기 때문이라고 비평한다. 왜냐하면 개념 체제의 명료성이 우선되어야 그 목적을 달성하기 위한 정확한 방법도 뒤따라 마련될 수 있기 때문이다.

따라서 이 책에서는 '역량기반 교육'의 개념이 무엇인지에 대해 다각적인 관점에서 면밀히 고찰하고, 지금의 '역량기반 교육'이 '역량' 중심에 치우쳐 있는 개념적 불균형 문제를 지적하고, 이를 위한 대안으로 교육 본위의 '역량기반 교육'을 새롭게 제시하여, '역량기반 교육'에 대한 선택의 범위를 넓히고, '역량기반 교육'의 개념적 이론을 확충하여 '역량기반 교육'이 교육적 가치를 높이는데 중요한 계기를 마련하고자 한다.

제2장 역량기반 교육의 역사적 전개

1. 역량 개념의 기원

오늘날 '역량'이란 용어는 직업 현장과 학교 현장뿐 아니라, 사회 곳곳에서 친숙하게 들을 수 있는 용어가 되었다. 하지만 정작 역량이 무엇인가?에 대한 질문에 답을 하기는 어려울 것이다. 따라서 본 장에서는 역량기반 교육과정을 올바로 이해하기 위해 먼저 역량의 개념을 탐색해 보고자 한다.

가. 사회·심리적 측면에서의 역량

역량에 대한 개념의 기원은 합리적 경영관리 기법이 도입되는 1920년대로 거슬러 올라갈 수 있겠지만 현대적 역량 접근이 시작된 것은 1960년대에서 1970년대라 할 수 있다(Brundrett, 2000). 그중에서 학문적 논의에 역량이라는 용어를 처음 사용한 사람은 White(1959)이다(Rothwell & Lindholm, 1999). White(1959)는 역량의 개념을 높은 동기와 관련이 있는 개인적 특성을 설명하는 개념으로 역량을 '환경과 효과적으로 상호작용하는 개인의 능력'으로 정의하였다(p. 297). White는 기존의 교육학에서 활발히 연구되었던 동기연구가 유기체의 동기를 욕망이나 본능으로 환원시키는 경향을 비판하기 위해 역량 개념을 도입하였다. 그가 드러내고자 했던 역량이라는 능력은 환경과의 지속적인 상호작용을 통해 학습된 것으로, 성숙이나 욕망, 본능만으로 도달할 수 없는 유기체를 둘러싼 환경을 다루기 위한 선택적이고 지속적이며, 유목적적인 동기적 특성을 포함한다. 그리고 역량은 타고난(innate) 것이라기보다는 길러지고 학습 가능한 특성을 가지고 있으며, 구체적인 수행상황에서 획득된 능력이라고 하였다(White 1959; 김영민,

2012 재인용). 이렇게 White가 학문적으로 역량을 최초 도입하였으나, 성취동기 이론의 입장에서 현대적인 개념으로 규명한 사람은 David McClelland이다(고자경 외, 2013).

1973년 하버드대학 교수였던 사회심리학자 David McClelland는 미국 국무성의 요청으로 FISO(Foreign Service Information Officer : 외교관) 선발 시 문제점[2]에 대한 현상에 대해 연구를 의뢰받은 것을 계기로 연구된 자신의 논문 「Testing for Competence rather than "intelligence" : 지능에 대한 역량검사의 우월성」에서 지능이나 적성검사의 맹목적인 이용을 문제 삼고, 이를 비판하는 과정에서 '역량'이라는 개념을 적용하여 설명하였다. 그는 지능이나 적성검사가 학습자들의 성적을 예측하는 능력은 뛰어나지만 직무성과나 인생의 성공 유무를 판단하기에는 예측력이 낮다고 주장하였다. 운전시험에서 이론 중심의 필기시험만을 통해 운전 능력을 평가할 수 없다는 예를 들면서 검사 도구가 타당하기 위해서는 실제 수행 장면에서 문제를 도출하고, 그 실행능력을 측정할 수 있어야 한다고 하였다. 하지만 이를 위해서는 인간세계에 있는 엄청난 직무를 모두 분석해야 하는 문제가 있다고 하였고, 이 문제를 해결할 수 있는 방안이 바로 역량이라고 하였다. 그리고 다양한 직업이나 사회적 역할에서 공통적으로 활용될 수 있는 능력인 역량을 측정하는 검사 도구는 실제 삶에서의 수행 능력을 예측할 수 있다고 주장하였다.[3]

White와 McClelland의 공통점은 자신을 둘러싼 환경과의 효과적인 상호작용을 통해 형성된 능력, 즉 학습이 가능하며, 구체적인 상황에서 효과적인 수행을 가능하게 하는 능력을 역량이라는 개념으로 구분하여 바라보고, 기존의 동기나 능력 구인들과는 차별적인 의미를 가진 것으로 규정하고자 하였다.

---

2) 미국 국무성에서 FISO(소위 외교관)는 높은 IQ를 보유하고 미국의 주요 명문대학을 졸업한 우수 인재를 대상으로 시험을 거쳐 선발되었음에도 불구하고, 파견되었을 시 문제를 일으키는 경우가 있는가 하면 반면에 선발시험에서는 높은 점수를 획득하지 못했지만 외교적 성과는 훌륭했던 이들도 존재하였다. 이러한 현상이 발생하는 것을 문제로 제기하여 하버드대학의 심리학과 교수였던 McClelland에게 연구를 의뢰하였다.

3) McClelland(1973)는 의사소통능력, 인내심, 적절한 목표설정, 자아개발 등을 수행 능력의 예로 들었다.

나. 직업 세계 측면에서의 역량

McClelland(1973)의 연구 이후에 Boyatzis(1982)의 연구와 Spencer & Spencer(1993)의 연구를 비롯해 역량에 대한 많은 연구들이 뒤를 이었는데, 이들 연구들은 기업의 교육 및 인사관리 분야에 역량 개념을 적극 도입하였다. 즉, 기업에서 개인적·조직적 역량을 개발하고 관리하고 강화시켜 나가는 것을 경쟁우위의 중요한 요소로 부각하였다(Prahalad & Hamel, 1990).

따라서 '역량기반 교육'의 등장 배경을 이해하기 위해 역량 개념의 도입을 크게 두 가지 시각에서 정리해 볼 수 있다. 하나는 McClelland(1973)와 White(1959)의 연구와 같이 심리학적인 배경에서 학생을 정확히 예측하기 위해서는 지능검사보다는 역량에 초점을 두어야 한다는 것이다. 또 하나는 Boyatzis(1982)와 Spencer & Spencer(1993)같이 제조업이나 경영학적 측면, 즉 직업교육의 맥락에서 역량을 다루었다는 것이다. 소경희(2009)는 심리학적 측면보다는 직업 교육적 맥락에서의 의미가 우리나라의 '역량' 논의를 주도해 왔다고 하였다. 즉, 직업교육의 맥락에서 이론적 지식과 대비되어 당장 쓸모 있는 실무능력으로 이해되기도 하고, 경영학의 맥락에서 기업의 이윤 추구의 원천으로써 핵심역량이 주목받아 왔다고 하였다. 이는 '역량기반 교육'의 도입 배경에서 보다 심도 있게 다루도록 하겠다.

다. OECD, DeSeCo 프로젝트에서의 역량

20세기 전후 미국에서는 사회변화와 함께 중등학교 인구가 숫자상으로 상당히 팽창되면서 매우 다양한 배경을 가진 새로운 학생들을 어떻게 교육시킬 것인가 하는 것이 교육의 주된 관점으로 부각되었다(소경희, 2009). 사회통제와 효율성에 관심을 둔 입장에서는 학교 교육의 주된 목적이 지식의 획득과 학문적 능력을 개발하는 데 있다기보다는 산업화된 도시의 자본주의 사회에서 학생들을 통제하고 이들에게 역할을 부여하는 데 있었다(Grant, 1979 : 8) 이때 역량 개념이 도입되었다는 것이다.

일각에서는 '역량기반 교육'이 1950년대 후반에서 1970년대 사이에 일어난 미국의 교육개혁에 뿌리를 두고 있는 것으로 보기도 한다(S. Hodge, 2007). 1960년대 미국에서 주도되었던 수행중심 교사교육 계획이 그 기원으로 여기에서 역량 개념을 적용하였다고 간주하기도 한다(김수영, 2012).

하지만 명확히 역량이라는 개념을 직업의 영역에서 교육의 영역으로 확장・이동시킨 계기는 1997년 경제협력개발기구(OECD)[4]에서 성공적인 삶을 위한 핵심 역량을 도출해 낸 DeSeCo(Definition and Selection of Competencies) 프로젝트라고 할 수 있다. DeSeCo 프로젝트가 진행될 당시 세계는 인터넷의 확산, 국제 무역의 증대, 흐려지는 국경선 등 새로운 양상을 보이며 이러한 세계 경제 및 환경에 대응하기 위해 경제활동에 필요한 인적자원 활용에 새로운 접근법을 필요로 하였다. 그 일환으로 OECD 회원국들은 학습자들의 읽기 능력, 수학, 과학 부문에서 수준 측정을 위한 국제비교조사(PISA : 국제학업성취도조사)에 동의하게 되었다. 그러나 국가들마다 교육환경이 달라 국제비교조사는 쉽지 않았다. 따라서 공통된 기준이 필요했고, 이를 위해 DeSeCo프로젝트가 시행되었다.

1997년부터 2003년에 걸쳐 회원국의 사례 분석, 전문가 및 이해 관계자로부터의 의견수렴, 관련된 연구물 조사 등을 거쳐 〈표 2 - 1〉과 같이 3개의 영역 9가지의 핵심역량을 도출해 내었다(OECD, 2003).

4) 경제협력개발기구(OECD)는 회원국 및 개도국의 경제성장, 세계무역 확대, 세계경제 발전 등을 목표로 유럽, 미국, 캐나다 등 서방 국가들이 발족한 정부 간 협력기구이다. 우리나라는 김영삼 정부 시절인 1996년 29번째로 가입하였다. 경제문제를 주요 의제로 다루지만 교육 문제도 심도 있게 다루고 있다.

표 2-1 OECD 핵심역량 범주와 내용

3개의 영역	9개의 핵심역량
• 사회적으로 이질적인 집단 내에서의 상호작용 능력(Interact in heterogeneous groups)	-다른 사람과 관계를 잘 맺는 능력 -팀으로 일하고 협동하는 능력 -갈등을 관리하고 해결하는 능력
• 자율적인 행위 능력(Act autonomously)	-넓은 시각에서 행동하는 능력 -인생 계획과 개인적 과제를 설정하고 실행하는 능력 -권리, 관심, 한계와 요구를 옹호하고 주장하는 능력
• 도구를 상호작용적으로 사용하는 능력(Use tools interactively)	-언어, 상징, 텍스트를 상호작용적으로 활용하는 능력 -지식과 정보를 상호작용적으로 활용하는 능력 -기술을 상호작용적으로 활용하는 능력

여기에서 역량은 "특정한 상황이나 맥락에서 발생하는 복잡한 요구들을 개인의 심리·사회적 특성들(지적인 측면과 비지적인 측면을 포함)을 동원하여 성공적으로 해결하는 능력"으로 정의하였다(OECD, 2005 : 4).

뉴질랜드는 핵심역량 개념을 도입하여 학교 교육과정을 개혁함으로써 역량기반 교육과정의 가능성을 보여주었고, 캐나다는 퀘백주에서 전통적 교육과정의 개혁을 위해 역량 개념을 활용하여 새로운 교육과정을 구축하였다. 이뿐만 아니라 영국, 독일, 호주 등의 국가에서도 OECD에서 발표한 핵심역량을 자국의 교육과정에 반영하여 실행할 수 있도록 제도적 장치를 마련하거나 현재 적용하여 시행하고 있다(이효성 외, 2011 : 18). 이렇듯 OECD의 DeSeCo 보고서 발표를 전후로 많은 나라들에서 역량 개발을 중심으로 학교 교육의 목적과 방향을 재설정하려는 움직임들이 나타났다(이광우 외, 2009).

2. 시대별 역량의 개념 변천

이상과 같이 살펴본 '역량기반 교육'의 기원을 통해 시대별로 역량에 요구되었던 기능을 살펴보면 〈그림 2-1〉과 같다.

그림 2-1 '역량'의 시대별 기능

〈영역〉	(1960~1970) 사회·심리적 측면	➡	(1990년대) 직업세계 측면	➡	(2000~현재) OECD 연구
〈역할〉	선발 기능		평가 기능 능력 개발		개인의 삶의 질을 위한 필수 능력(핵심역량)

첫째, 역량 개념이 등장하기 시작한 초기에는 White(1959)와 McClelland(1973)의 연구와 같이 사회·심리적 측면에서 우수한 인재를 선별하기 위한 선발 기능으로써의 역량을 논하였다. 둘째, 1990년대부터 본격적으로 민간 및 공공 부분에서 역량 모형이 활용되기 시작하였는데(오헌석 2007), 이때, Spencer & Spencer(1993)의 연구를 비롯해 많은 연구들이 직업 세계에서 직무 중심의 평가 기능과 능력 개발에 초점을 두고 역량 개념을 사용하였다. 이후 OECD의 DeSeCo 연구에서는 성공적인 개인의 삶의 질을 위해 필요한 필수 능력으로써의 역량 개념으로 발전해가며 교육현장에 역량 개념이 적용되어 역량기반 교육과정으로 발전해갔다. 즉, 초기 역량이 교육적 측면의 간접적 교류를 넘어서 OECD의 DeSeCo 연구를 기점으로 본격적으로 학교 교육의 영역으로써 역량 개념이 도입된 것이다.

그렇다면, 교육현장이 '역량기반 교육'에 과연 무엇을 기대하고 역량 개념을 도입하였는지 그 의도를 살펴보고자 한다.

3. 역량기반 교육의 교육현장 도입 배경

'역량기반 교육'이 교육현장에 도입된 이유는 학자들마다 다소 이견이 있으나, 대표적인 이유는 교육을 통해 역량을 기를 수 있고, 이렇게 길러진 역량이 4차 산업혁명의 도래라는 새 시대의 변화에 유연하게 대처할 수 있는 기능이라고 여기기 때문이다. 역량이란 개인적·사회적 측면과 인지적·정의적 측면에서의 성공적인 삶을 영위하기 위해 필요한 것이라고 볼 수 있고, 결국 이것을 교육현장에 끌어들인 이유는 교육을 통해 이 역량이 길러질 수 있다는 기대에서 비롯되었다고 해석할 수 있다. 그리고 여기에서 주목할 점은 교육과정을 중심으로 이루어지고 있다는 사실이다.

홍원표 외(2010)는 학교 교육이 추구하는 인간상을 실현하는 가장 체계적이고도 구조화된 통로가 바로 학교 교육과정이라고 하였다. 교육현장에서 학습자 개개인에게 노동시장에서 요구되는 능력을 어느 정도까지 길러주고 있는가에 대한 의문은 앞으로 심도 있게 다루도록 하겠다.

앞서 살펴본 바와 같이 1997년 OECD에서 추진한 DeSeCo 프로젝트를 계기로, 여러 나라에서는 역량을 중심으로 교육과정을 재구조화하려는 움직임을 보였다. 이러한 움직임은 이미 1990년대부터 등장하기 시작하였으며 2000년대에 들어 더욱 가속화 되었다(이광우 외, 2009). 이러한 흐름 속에서 우리나라도 역량과 관련된 교육과정 연구를 수행하게 되었고, 연구 초기에는 정책적 연구로 시작하여 초·중등 국가교육과정에 이를 반영하였고, 나아가 산업계의 변화와 그로 인한 노동시장의 요구에 대한 대안으로써 대학 역시 '역량기반 교육'의 도입을 시도하고 있는 상황이다.

우리나라 역시 국내외 선행연구를 기반으로 우리 실정에 맞는 역량을 도출해내는 정책연구를 시작으로 교수·학습방법, 평가 부분으로 연구가 확장되었고, 이들 연구를 통해 도출한 역량의 틀을 기반으로, 2015 개정 교육과정을 수정하였고, 이를 바탕으로 현재 초·중등학교에서 '역량기반 교육'을 시행 중에 있다.

우리나라 '역량기반 교육'의 도입 배경에서 주목할 특징은 정부 주도의 시도가 큰 영향력을 미쳤다는 것이다. 우리나라의 '역량기반 교육'은 정부 주도하에 국가 수준 교육과정이 전면 개편되는 등 미국, 영국, 캐나다 등 '역량기반 교육'의 선두 국가들에 비해 시작은 다소 늦은 감이 있지만, 그 전개 과정은 매우 빠르게 진행되었다고 볼 수 있다. 4차 산업혁명의 도래와 함께 복잡하고 빠르게 변화하는 노동시장의 요구에 책무를 느낀 대학 역시 지식을 생산하고 효율적으로 다룰 수 있는 기본적이고도 실천적인 능력으로써의 역량을 기반으로 하여 '역량기반 교육'을 적용하게 되었다.

하지만 대학의 촉발 동력 역시 정부의 영향이 크게 작용하였다. 2008년부터 2013년까지 시행된 전문대학 교육역량 강화사업에서 역량이라는 용어가 공개적으로 사용되었고, 2014년 특성화전문대학육성사업(SCK : Specialized College of Korea)이 시행되면서 '역량기반 교육'에 대한 보다 구체적인 개념과 시행법이 제시되어 현재에 이르고 있다(직업능력개발원, 2017). 이에 정부 재정 지원을 무시하지 못하는 대학 입장에서는 서둘러 '역량기반 교육'을 실행하기 위해 대학 자체의 인재상과 연계된 핵심역량은 무엇이며 어떻게 육성하여야 하는지에 대해 자체적인 연구와 국내외 선진사례에 주목하고 있다.

따라서 국내 '역량기반 교육'의 도입 주체는 정부 주도의 시도가 큰 영향력을 미쳤고, 더불어 지식기반사회의 도래에 따라 기존의 지식 전달 중심에서 지식을 활용하여 또 다른 지식을 창출하고, 효율적으로 다룰 수 있는 실천적인 능력으로써의 역량이 필요하다는 사회의 요구가 작용했다고 볼 수 있다.

제3장 역량기반 교육 관련 대표적 이론

'역량기반 교육'의 역사적 전개에서 살펴보았다시피 '역량기반 교육'은 굳건한 이론을 근거로 하여 생성된 교육패러다임이 아니다. 그렇기 때문에 기존 문헌들에서는 '역량기반 교육' 개념의 유래를 거슬러 올라가 관련 깊은 이론들을 차용하여 '역량기반 교육'의 개념 체제를 구축하려는 시도를 해왔다. '역량기반 교육'에 대한 이해를 넓히기 위해서는 이러한 시도들에 사용된 대표적인 이론들에 대해서도 살펴보아야 한다.

1. 과학적 관리이론

'역량기반 교육'과 관련된 대표적인 이론으로 Newmann(1979), Bates(2002), 박휴용(2015) 등을 비롯한 여러 학자들이 20세기 초 '역량기반 교육'이 등장하게 된 시초라고 언급한 프레데릭 윈슬러 테일러(Frederick W. Taylor)의 '과학적 관리이론(scientific management theories)'이 있다. 테일러의 과학적 관리이론은 기업경영에 있어 효율적인 생산관리를 위해 필요한 근로자의 효율적인 과업수행, 훈련기법, 선발 과정 등을 과학적인 방법으로 접근하여 노동생산성을 체계적으로 분석하고자 했던 이론이다.

테일러의 과학적 관리이론의 네 가지 핵심 원칙은 다음과 같다.

> 첫째, 노동자의 작업의 모든 요소를 기존의 경험에 의존하는 방식 대신 과학적으로 판단할 것.(They develop a science for each element of a man's work, which replaces the old rule-of-thumb method)
> 둘째, 업무에 맞는 적성을 가진 노동자를 과학적으로, 즉 객관적인 지표에 따라 선택하고 훈련시키고 가르칠 것.(They scientifically select and then train, teach, and develop the workman, where as in the past he chose his own work and trained himself as best he could.)
> 셋째, 노동자들이 과학에 따른 원칙, 즉 객관적 지표를 바탕에 둔 원칙들을 따라 협동하여 업무를 완료할 수 있도록 할 것.(They heartily cooperate with the men so as to ensure all of the work being done in accordance with the principles of the science which has been developed)
> 넷째, 관리자와 노동자가 경영에 있어 거의 같은 수준의 분업과 책임감을 가질 것. 예컨대, 임원과 같은 고위 경영진이더라도 적성에 맞는 업무라면 단순히 하위직 노동자, 중간 관리자 등에 위임하지 말고 직접 맡아서 업무를 진행해야 한다.(There is an almost equal division of the work and the responsibility between the management and the workmen, while in the past almost all of the work and the greater part of the responsibility were thrown upon the men.)
>
> [출처 : 프레드릭 테일러 「과학적 관리법」 p.46]

여기에서 테일러는 기존의 경험보다는 과학이라고 말하는 객관화와 표준화를 중시하였고, 이러한 과학 중시는 선발 단계에서부터 과업 달성에 이르기까지 적용되어야 한다고 강조하였다. 이는 결국 생산성 향상을 위한 것이며, 이는 훈련을 통해 가능하고, 고용주와 노동자 모두가 최대의 이익을 창출할 수 있을 것이라는 논리이다. 박휴용(2015)은 과학적 관리이론이 심리학에서의 행동주의의 유행으로 20세기 중반에 학교 현장에 영향을 미쳐 행동주의적 목표 운동으로 나타났기 때문에 이 과학적 관리이론과 학교 현장에서 적용된 행동주의 목표 운동을 같은 인식론적 토대를 가진 이론들이라 주장하기도 하였다.

2. 인간 자본론

'역량기반 교육'의 개념을 설명하기 위해 자주 등장하는 또 다른 이론으로 '인간 자본론'이 있다. 경제학자들은 사람이 가진 지식, 기술, 태도 및 사회적 기술을 인간에 대한 자산으로 보았다. 즉, 인간 자본의 개념은 인간이 교육, 훈련 또는 다른 활동을 하여 자기 자신에게 투자한다는 사실과 관계있으며, 이런 활동들은 인간의 삶에서 소득을 증가시켜 미래의 수익을 높이는데 기여하게 된다.

자본(capital)은 현금, 원료, 부동산과 같은 유형의 자산(tangible assets)과 아이디어 발명, 창조와 같은 지적자산(intellectual property)으로 구분할 수 있고, 인간 자본이라 하면 결국 지적자산을 의미한다. 이때 미래의 수입을 창출하기 위해 소비하는 것을 투자라는 용어로 표현할 수 있는데, '역량기반 교육'에서의 인간 자본론이란 결국, 미래의 어떠한 이익을 창출하기 위해 인간이 교육, 훈련 또는 여러 가지 활동을 하여 자신에게 투자한다는 논리이다. 아담 스미스(Adam Smith)를 비롯한 다수의 고전 경제학자들 역시 새로운 기계나, 또는 다른 형태의 물적 자본을 구입하는 것과 같은 방식으로 교육이 노동자들의 생산능력을 증대시키는데 도움을 주며, 공장이나 다른 기업의 생산능력을 증가시킨다고 주장하였다(김정희, 2000).

하지만 이러한 인간 자본론에 대해 여러 측면에서 논쟁의 여지를 재기하였다.

1) [그림 3 - 1]과 같이 교육을 많이 받은 사람이 생산성도 높을 것이라는 기대는 인재 선발을 할 때의 가정일 뿐, 교육을 많이 받았다고 늘 생산성이 높은 것은 아니라는 주장이다. 즉, 교육을 많이 받고, 안 받고의 여부는 단지 고용과정에서 교육을 많이 받은 지원자를 고용주들이 좀 더 능력 있는 근로자로 기대하고 선택할 수 있는 선발 장치로써만 작용할 뿐 이라는 주장이다. 따라서 인간 자본론자들이 주장하는 교육투자와 소득향상 간의 관계는 고학력자들에 대한 고용주들의 선호도를 반영한 것에 불과하다는 것이다.

그림 3-1 인간 자본론의 접근 방법

교육에 대한 투자 → 높은 생산성 → 고임금

[출처 : Cohn & Geske(1990 : 34)]

2) 자본가들이 경제발전과 국가발전을 목적으로 공교육을 확대해야 한다고 주장하지만 결국 이들의 주장은 교육기회 균등의 차원이라기보다는 다량의 숙련된 기술자를 양성하는 대중 교화의 도구로 전락되어 버릴 것이라는 급진적 접근에서의 논쟁도 제기되었다. 이들의 주장은 학교는 지식탐구의 장이며, 비판적 사고와 창의성을 지닌 학생을 길러내는 장소여야 하는데, 기술과 규율 중시, 사회 · 경제적 매개체들을 길러내는 장소로 전락해 버릴 수 있다는 것이다.
3) 마지막으로 이렇게 교육을 경제발전과 정치발전의 수단으로 취급하는 한 교육은 왜곡될 수밖에 없고, 교육을 이러한 목표달성을 위한 도구로 인식한다면 교육의 본질적 기능이 도외시 될 것이라는 인문주의적 접근에서의 논쟁도 재기되었다. 즉, 이들의 주장은 교육을 수단으로 본다면 결국 인간을 수단시하고 도구시하는 결과를 낳게 되어 교육의 본질을 왜곡해 버릴 수 있다는 것이다.

어찌 되었든 간에 과학적 관리이론과 인간 자본론은 역량기반 교육개혁을 이끄는 중요한 이론적 배경이 되었다(송경오, 박민정, 2007).

3. 신자유주의 사상

이론은 아니지만 ‘역량기반 교육’의 개념 체제 정립을 위해 ‘역량기반 교육’의 이념적 배경으로 자주 거론되는 ‘신자유주의 사상’이 있다.

신자유주의 사상은 세계 경제 대공황 이후 1970년대 장기적 경제 불황을 자본주의 논리에 입각하여 극복하고자 하는 의도에서 도입되었다. 자본의 수익률을 높이기 위해 기업에게 좋은 환경을 만들어 주어야 한다는 것이 신자유주의 사상의 핵심 주장이다. 즉, 생산과정에 투입할 수 있는 모든 종류의 재화와 서비스가 궁극적으로 더 많은 부를 가져다주기 때문에 자본의 유통을 가로막고 있는 각종 규제와 기술적 장벽을 허물어 시장을 확대해야 한다는 것이다(유재원, 2000).

국내에는 IMF 이후 신자유주의 사상의 도입과 지식기반경제로의 변화가 본격화되었다. 기업 내에 성과주의가 급속히 확산됨에 따라 조직의 구성원들이 높은 수익을 창출하고 지속시킬 수 있도록 역량을 향상시키는 데 관심을 갖게 되었기 때문이다(김민정, 2019).

1990년대 초 소련 및 동구 공산권의 몰락 이후 더욱 힘을 얻게 된 신자유주의 사상은 물적 자본이나 금융자본뿐만 아니라 지식자본, 문화자본, 사회적 자본과 같은 인간능력을 기반으로 하는 자본에도 관심을 나타내기 시작하였다. 최근 도래한 지식자본주의 체제에서는 지식이 자본의 지위와 형식성을 획득하게 되었고, 그에 따라 교육은 자본주의적 생산관계의 재생산이라는 초기의 기능을 넘어 지식자본의 생산력을 높이는 역할을 부여받게 되었다(송경오, 박민정, 2007). 이러한 신자유주의 사상을 근간으로 하여 지식자본의 지속적인 재생산과 고용 구조를 유지하기 위한 ‘저비용 고효율’을 이끌 수 있는 방안으로 경제 생산성에 기여할 수 있는 지식 및 기술을 갖춘 인간의 ‘역량’을 강조하는 ‘역량기반 교육’이 강조되었다. 하지만 이러한 교육의 시장화를 두고 능력주의의 만연, 부익부 빈익빈의 불평등 구조 생성 등 사회 구조적 측면에서의 타당성에 대한 논쟁은 끊임없이 제기되었다.

이 중 교육관에 대한 성찰을 살펴보면, 먼저 김미영(2009)은 교육의 시장화는 능력주의를 만들어 개인의 능력에 따라 선발되어 위계적 사회체제에 배치 분배되면서 사회적 지위를 갖게 되고, 이것이 시장의 자유교환원리에 맡겨지면 부익부 빈익빈의 불평등 구조를 더욱 강화시킬 것이라고 하였다. 김성훈(2006)은 자유, 경쟁, 선택으로 요약되는 시장적 개인주의는 인간관계의 유기적 상호관련성을 부정함으로써 인간 공동체적 본성을 억압한다고 하였다. 그 결과 경제적 세계화는 인간을 자본으로 또 상품으로 전락시켰다고 성찰하였다.[5]

이건만(2012)이 제시한 사례를 통해 신자유주의 교육의 시장화를 보다 자세히 살펴 보자. 벤츠(Benz)가 크라이슬러(Chrysler)를 인수하였다. 그렇다면 이 회사는 독일 회사인가, 미국회사인가, 아니면 세계 회사인가? 그 답은 세계 회사이다. 이 사례에 함의되어 있는 사실은 크라이슬러의 기술력이 벤츠의 기술력과의 경쟁에서 패배했다는 점이다. 규모가 큰 세계적인 회사들은 이제 경쟁에서 가장 유리한 조건을 제시하거나 갖춘 국가에 공장을 세우고 있다(Thurow, 1999 : 26, 31. 이건만, 2012 재인용). 즉, 신자유주의 시대가 본격화된 것이다. 농경시대의 부의 원천은 토지였고, 산업 혁명기에는 막대한 자본이 필요한 대량생산이 경제적 성공의 지름길이었다. 이 토지와 자본 다음으로 세 번째 자리를 차지했던 지식이 이제는 첫 번째 자리를 차지하고 있다. 따라서 신자유주의 사상의 관점에서 본다면, 교육은 전문적이고, 생산성 높은 인력을 양성하여 사회의 성장 잠재력을 높이고 경제발전을 이룰 수 있는 토대를 제공할 수 있어야 한다(노상우, 1999). 따라서 이를 위해 기존의 학교에서 중심이 되었던 단순 지식 전수의 개념을 넘어서서 새롭게 변화되는 사회 환경과 요구에 대응할 수 있도록 학교는 운영체제 간에도 개방이 추진되어야 하고, 경제발전에 기여할 수 있는 지식과 기술을 개발하는 방향으로 학생들을 가르치고 훈련 시켜야 한다는 것이다.

이상과 같이 '역량기반 교육'을 설명하기 위해 자주 차용되는 대표적 이론으로 과학적 관리이론, 인간 자본론, 그리고 신자유주의 사상을 간략히 살펴보았다.

그런데, 이 고전적 이론과 사상에는 공통적으로 오도된 교육관의 문제가 내재해 있다.

---

5) 이는 앞서 살펴본 인간 자본론과 이어진다.

첫째, '교육'을 '훈련'과 동일시하는 인식 태도이다. 훈련을 통해 목표한 과업을 달성할 수 있다는 직업 환경에서의 인식을 올바로 식별해 내지 못하고, 그대로 학교 현장에 적용하면서 '교육'의 개념 탐색에 대해 소홀한 채 '교육'을 단순히 학교 현장에 적용하는 개념이라는 의미에서 기존과 같은 관례적 습관으로 '교육'이라는 용어만 적용하고 있음을 발견하였다.

둘째, 교육을 행동 변화의 수단 혹은 목표달성을 위한 기능이나 과제로 여김으로써 교육의 책무를 강하게 드러내었다. 마치 교육이 만병통치약인 듯 교육을 통해 역량을 기르고, 그렇게 길러진 역량이 변화하는 사회에 빠르게 대응해 최대의 성과를 창출해내 줄 것이라는 기대를 하고 있었다. 이러한 기대 목적 속에서, 역량은 모종의 결과를 위해 기능하는 성격을 가지며, 목표를 달성하기 위한 모든 과정이 교육으로 환원될 수 있다는 믿음을 보이고 있다.

셋째, '과학주의적 성격'을 보였다. 특히 테일러의 과학적 관리이론은 체계화, 객관화, 표준화된 시스템을 과학이라 지칭하며 그 효과에 대해 높게 평가하고, 지향하였으며, 신자유주의 사상과 더불어 인간 자본론도 교육에 대한 투자가 높을수록 높은 생산성을 가져오며, 고임금을 얻게 될 것이라는 생산 관계를 측정의 편의에 따라 정의 가능하다는 입장을 보였다.

이상의 '역량기반 교육'이 무엇인가에 대한 설명을 위해 자주 거론되는 이론들과 사상을 살펴보고, 교육관의 문제점을 탐색한 과정은 '역량기반 교육'의 개념을 이해하는 데 있어 많은 도움이 될 것이다.

4. 초기 개념과 최근 개념 간의 차이

초기 '역량기반 교육' 연구 단계에서는 수행적 의미가 강조된 역량 중심의 개념 체제가 두드러졌다. 이 배경에는 그 당시 사회가 '고정된 것', '명확한 것'을 중시하여 '지식'과 '기능'이 교육과정의 내용으로 충분하다고 여겼던 사회에서 '예측 불가능', '불확실'의 미래사회로 변화되면서 단순한 지식과 기능만으로는 학생들이 이러한 불안정한 세계 속에서 살아남을 수 없다는 우려에서 비롯되었다고 볼 수 있다. 이와 더불어 그렇다면 지식(이론)이 중요하지 않다는 것이냐?, 너무 기능주의적 교육관의 성격을 띠는 것 아니냐? 라는 이를 비판하는 목소리도 동반하였다.

이러한 우려의 목소리를 잠재우기 위해 '역량기반 교육'을 실행하고자 하는 일각에서는 관련 이론을 탐색하여 역량(교육)이 무엇인가에 대한 사회적 합의를 이루려고 노력하였다. 그 대표적인 이론들은 앞서 살펴본 인간 자본론, 과학적 관리이론을 비롯해 신자유주의 이론, 교육 책무성 이론 등이 있다.

이 이론들의 공통점은 무언가 가치 있는 결과를 목표로 내세우고 그것을 실현하는 과정이 '교육'이라는 논리적 순환론[6]을 보이고 있으며, 새롭게 변모하는 현대사회의 요구에 충족할 수 있는 인재를 양성하는 것을 목표로 제시하였다.

초기 '역량기반 교육'에서의 역량은 단순히 '개인이 효과적으로 환경과 상호작용하는 능력(White, 1959)'이라는 좁은 의미로 사용되었다. 그러다 점차 구체적인 행동 특징으로 '인지적 능력뿐만 아니라 태도, 감정, 가치, 동기 등과 같은 사회적, 행동적 요소들까지 빌휘해서 특징 맥락의 복잡한 과제요구를 성공적으로 충족시키는 능력(OECD의 정의, Rychen & Salgaink, 2003)'으로 그 의미가 확장되었다. 더불어 '훈련(training)'에서 넓은 의미인 '교육(education)'으로 패러다임의 변화(Preston & Walker, 2005)도 뒤따라 교육내상과 역량교육의 개념 및 목적의 변화를 겪으면서 점차 발전해가고 있는 실정이다(설연경, 2020).

김민정(2019)은 최근 역량의 개념은 과거 인간의 능력을 가리키는 intelligence,

6) 장상호(2020)는 이를 '결과위주의 교육관'이라고 한다.(「교육학의 재건」, 80p)

capacity, capability, ability와 같은 용어들과는 명백히 차별화된 것이라고 하였다. 현대사회에서의 역량이란 미리 주어진 업무를 수행하는 데 요구되는 표준화된 지식과 기술 등을 의미하는 것도 아니며, 여기에 개인적 동기와 특질, 자아개념 등을 포함하더라도 단순히 능력의 요소를 몇 가지 더 추가하는 차원을 의미하는 것도 아니다. 역량의 개념은 예측 불가능한 상황에 능동적으로 해결해 내기까지 필요한 총체적 능력을 의미할 뿐 아니라, 그러한 총체적인 역량을 갖출 수 있도록 자기 자신의 신체적 건강과 멘탈리티, 진로 등 삶 전반을 관리하고 통제하는 능력까지 포함하는 개념이다.

이러한 역량 개념의 확대와 함께 '역량기반 교육'의 개념 체제에도 변화를 찾아볼 수 있다. 여전히 '역량기반 교육'의 개념 체제에서 수행적 기능은 중시되고 있지만, 초기 개념에서와 달리 윤리와 가치 개념을 강조한 개념 체제의 변화가 보인다. OECD 교육 2030에서 관련 내용을 발견할 수 있는데, OECD 교육 2030에서는 새로운 가치 만들기(creating new values)와 긴장과 딜레마 조정해나가기(Reconciling tensions and dilemmas)를 새로운 역량으로 제시하였다.

이를 두고, 최근의 문헌들에서는 초기의 '역량기반 교육' 개념이 수행중심의 기능주의적 교육관 성격이 다소 강하다 보니 '역량기반 교육'이 지식 전수보다는 수행에 더 초점을 두는 것이 아니냐, 그로 인해 무궁무진한 지식 탐구의 기회와 가치를 경시하는 것이 아닌가 하는 비판을 받게 되어 이를 보완하는 차원에서 윤리와 가치를 중시한 해당 역량이 등장하게 되었다고 이 책에서는 해석한다. 이는 결국 '역량기반 교육'에서 그간 간과해온 '교육'의 가치에 대해 다시금 점검해보는 태도가 아닌가 한다.

제 II 부

역량기반 교육의 동향과 성과

제4장

역량기반 교육의 동향

직업의 영역에서 쓰이던 역량 개념이 교육계의 화두가 된 도화선은 OECD의 '역량교육' 필요성 제기라는 데에는 반박의 여지가 없을 것이다. 세계 주요 국가들은 자신들의 국가에 맞는 핵심역량을 도출하고, 그에 따른 실행 방안을 마련하기 위해 빠르게 연구를 시작하였고, 이러한 분위기 속에서 국내에서도 개념 규정 및 쟁점에 대한 논의를 시작으로 초기에는 개인 연구 차원의 '역량기반 교육'에 관한 연구를 시작으로 정책연구와 정부 주도의 핵심역량 선정에 대한 연구들이 진행되었다. 주목해야 할 국내 주요 연구와 성과를 살펴보면 〈표 4-1〉과 같다.

표 4-1 '역량기반 교육'의 국내 주요 연구 동향

개인 연구	정책 연구	정부 관련 보도
소경희, 2001 등 - 현대사회에서 요구되는 능력을 길러주는 방향으로 학교 교육 과정이 개편되어야 한다는 점 을 강조 : 핵심역량에 기반 한 호주의 교육과정 사례 소개 **소경희,2003,2006소경희 외,2007,2013 등** - 국가수준에서 개발된 교육과정의 실행 양상에 대한 이해 - 학교교육의 맥락에서 본 역량의 의미와 교육 과정적 함의 - 교과교육과정 개발을 위한 역 량 모델의 가능성 탐색, 해외 사례 (영국, 독일, 캐나다) 소개 **손민호, 2006 등** - 핵심역량 관련 개념 규정 시도 **윤정일 외, 2007 등** - 역량의 특성과 차원 분석 **박민정, 2009 등** - 역량기반 교육과정의 특징과 비판적 쟁점 분석 **소경희, 2009 등** - 역량기반교육이 가지는 자유 교육적 성격 연구	**서우석, 2000(한국교육개발원) 등** -지식기반사회에서 초. 중등학생들에게 필요한 직업기초역량의 구성요소 분석 및 지표화 **김안나 외, 2001, 2002, 2003 등** -21세기를 살아가는 한국인이 필수적으로 갖추어야 할 생애능력을 규정하고, 그것을 길러줄 수 있는 방안 탐색 **윤현진 외, 2007(3개년 연구) 등** -미래 한국인에게 요구되는 9가지 핵심역량 선정 및 개념규정→국가 교육과정에 연계 시키는 방안 제시 . 갈등조정 . 정보처리 . 주도적학습 . 문제해결 . 창의력 . 다문화이해 . 의사소통 . 시민의식 . 삶의 향유 **이광우 외, 2008, 2009 등** -윤현진 외(2007)의 연구를 좀 더 확장. 세분화하여 초. 중등교육에서 필요한 핵심 역량을 구분 지어 탐색 **홍원표, 이근호, 2010 등** -역량기반 교육과정을 학교 현장에 적용할 수 있는 구체적인 방안 탐색 **<2015개정 교육과정 핵심역량 연구>**	**대통령자문 교육혁신위원회 미래 교육 비전과 전략(안)발표** (2007.08.16.) - 기존의 지식중심 교육과정에서 벗어나 미래 사회에서 요구되는 핵심역량을 중심으로 교육과정을 개편하자는 제안을 함 **교육과학기술부 핵심역량 강조** (2008) - 국정과제 중 하나인 '교육과정. 교과서 선진화'에서 핵심역량 개발을 위한 교육과정 개편 필요에 대해 언급.

이흔정, 2010 등
- 역량기반 교육과정의 가능성 탐색

김혜윤 외, 2012 등
- 수학과 교수학습 과정에 핵심역할 역량의 반영 정도와 그 가능성에 대한 교사들의 인식조사

홍원표 외, 2014 등
- 역량기반 교육과정의 국내 사례

백남진, 온정덕, 2014 등
- 역량기반 교과 교육과정에서의 역량 제시 방식 탐구

이경호, 안선희, 2014 등
- 역량기반 교육 활성화를 위한 교육적 과제 탐색

<외국의 역량기반 교육 사례연구>

홍원표, 이근호, 2010
-호주, 뉴질랜드, 캐나다, 영국
홍원표, 이근호, 2011
-캐나다 퀘벡
이승미, 2012
-독일 헤센주
소경희 외 2013
-영국, 독일, 캐나다(소경희 외

이미미, 2014
-호주, 미국
백남진 2014
-호주, 캐나다, 싱가포르,
백남진, 온정덕, 2015
-호주
임유나, 2016a, 2016b
-스코틀랜드, 뉴질랜드

조상연, 2015 등
-2015개정 교과 교육과정 시안에 대한 비판적 검토

윤지영, 온정덕, 2016 등
-역량의 총체성에 따른 교육과정 설계 방향 탐색

임유나, 장소영, 2016 등
-2015개정교육과정의 핵심역량과 교과의 관계 분석

한혜정 외 2016a, 2016b 등
-2015개정교육과정에 따른 초 중등학교 교육과정 편성. 운영방안 연구

홍원표, 2017 등
-이론적 실제적 쟁점을 중심으로 한 역량기반 교육과정의 가능성에 대한 비판적 재검토

이상은, 2018 등
-존재론적 접근에서의 역량기반 교육과정의 대안적 방향 탐색

황지원 외, 2018 등
-핵심역량 진단도구의 타당성 제고를 위한 문항개발 및 운영과정 검토

이안정, 윤재웅, 2020, 박준홍, 김경희, 2020 등
-2015 개정 교육과정 역량기반 국어수업 방안모색, 성취도 평가의 개선방안 탐색 핵심역량 기반 창의 인성 국어수업 방안 모색

이수현, 2020 최현철 외, 2020 조평규, 2020, 최선경(2021), 손승남 외(2021) 등
-전문대학 역량기반 교양교육과정 개발 연구
-전공역량 기반 교육과정 체계 고도화 연구 등 다양한 시도

성혜경 외(2021), 임경희 외(2021), 서은총, 최명숙(2021) 등
-역량 프로그램이 학생의 역량증진에 미치는 효과

이근호 외, 2012, 2013a 이광우 외, 2014 박순경 외, 2014 등
-앞선 연구들에서 선정한 핵심 역량을 수정. 보완하고 핵심 역량 함양을 위한 목표설정, 영역구성, 교과교육과정, 운영의 측면으로 나누어 국가 교육과정 편성에서 역량을 반영하는 방안들을 제시

한혜정 외, 2016 등
-2015 개정 교육과정에 따른 초. 중등학교 교육과정 편성. 운영 방안

<2015개정 교육과정관련 영역별 연구>

최상덕 외, 2013, 2014, 2015 등
-'교육체제 전반 (학습생태계)을 새롭게 구상하기 위한' 연구

최승현 외, 2011 이근호 외, 2013b 이상하 외, 2014 박선화 외, 2017 등
-2015개정 교육과정의 역량기반 교육과정 '교수-학습' 관련 연구

김창환 외, 2013 김동영 외, 2013 이인화 외, 2017 남궁지영 외, 2015 등
2015개정 교육과정의 역량기반 교육과정, 평가' 관련 연구, 성과측정을 위한 지표개발 연구

최승현 외, 2011 박영숙 외, 2015, 2017 홍선주 외, 2017 등
-2015개정 교육과정의 역량기반 교육과정 '교사 교육' 관련 연구

이상은 외, 2017 등
-2015개정 교육과정의 역량기반 교육과정

김기홍 외,2017, 진미석 외, 2017 등 (한국직업능력개발원)
-4차 산업혁명에 학의 역량기반 교육운영 내실화 방안

이승미 외, 2018 등
-국가 수준 교육과정 문서 체제 분석 및 개선 방향 탐색연구

'OECD Education 2030 사업' 국가차원의 참여
-2015년부터 실시하여 2016년 본격시작(한국은 2016년 참여)교육과정 내용맵핑(Curriculum Content Mapping : CCM)학습 프레임워크 개발 (Learning Framework) 교육과정 분석 . (Curriculum Analysis)'학생 에이전시' 라는 개념 등장. '우리가 원하는 미래', '우리가 원하는 교육'이라는 10가지 교육 비전 제시

OECD 교육 2030 선행 연구
윤종혁, 2016, 최수진, 2017 , 이승미외, 2018, 이승미 외 2020등
-해당 사업의 현황 분석 및 추후 사업 참여 계획
-교육과정에 핵심역량 도입에 대한 인식분석

이미경 외, 2016 등
-국내 전문가 대상 델파이 조사를 통해 OECD가 개발한 역량개념 틀에 대해 타당성 분석

이미경 외, 2017 등
-OECD 교육 2030에서 21세기 역량 기반 교육과정 개발 연구

이근호 외, 2017 등
-OECD 교육 2030에서 국제비 교를 위한 기초 자료로서 한국의 수학, 체육과 교육과정 분석

이미경 외, 2018 김은영 외, 2018 등
-OECD 교육 2030 교육과정 조사에 따른 역량중심 교육과정 비교 연구

김혜진 외, 2019 최수진 외, 2019, 허주 외 2020 등
-OECD 교육 2030 참여연구 역량교육의 실행 전략 탐색

OECD 국제 성인역량 조사(PIAAC) 주요 결과 발표(2013.10.8.)
- PIACC를 통해 우리나16~65세 성인의 주요 역량을 24개 참가국과 비교하여 보다 높은 역량을 보유할 수 있도록 강조.

국가역량체계(MQF) 구축을 위해 '14년부터 시업사업추진
(2014.1.22.)
- 박근혜정부에서 교육과 일자리가 연계될 수 있도록 하는 국가직무능력표준(NCS)을 기반으로 학교교육, 직업훈련, 평생학습제도, 자격제도 등을 현장중심으로 개편하고, 상호연계를 구축함으로써 능력중심사회를 구현하기 위해 시범사업 추진

교육부 2015 개정 교육과정 발표
(2015)
- 2015개정 교육과정은 역량을 단순히 총론의 원론적인 수준에서 강조하는 것에 그치지 않고 「총론」이 의도하는 범 교과적 역량인 '자기관리 역량', '지식정보처리 역량', '창의적 사고역량', '심미적 감성 역량', '의사소통 역량', '공동체 역량'을 구현하기 위한 차원에서 교과 교육과정의 개정 작업이 이루어짐

국가역량체계 구축 기본계획 발표 (2016.4.)
- 교육부와 고용노동부가 산업계, 노사단체, 교육훈련기관 등을 중심으로 구성한 "국가역량체계 구축 추진단 " 을 통해 마련

한국형 국가역량체계 기본틀 설계 시안 공청회 개최(2016.10.26)
- 교육부와 고용노동부는 한국형 국가역량체계 구축 사업을 수행하고 있는 한국직업능력개발원. 한국산업인력공단 주관으로 「한국형 국가역량체계 기본틀(KQF+) 설계 시안 공청회」 를 개최

2022 개정 교육과정 추진계획 발표(2021.4.20.)
- 2022 개정 교육과정의 기본 원칙 및 과제로 '자기주도성 및 삶과 연계한 미래 역량 함양이 가능한 교육과정 구현'을 강조.

초기 '역량기반 교육' 혹은 교육과정에 대한 논의가 시작되었던 당시에는 역량 개념이 산업계 즉, 직업교육 분야에서 먼저 도입·적용되었다는 출발 근원에 대한 불안감과 행동주의 이론에 기반을 두고 있다는 이론적 배경에 근거해 또 하나의 행동주의적 발상이라는 우려의 목소리를 내거나, 역량 개념이 학교 교육과정의 토대가 되어 변화하는 사회 요구에 대안이 될 것이라는 상반된 주장이 혼재하였다.

OECD의 DeSeCo 프로젝트 발표는 우리나라에도 영향을 미쳤다. 2007년 8월 대통령자문 교육혁신위원회에서 학습사회 실현을 위한 미래교육 비전과 전략(안)을 발표하면서 핵심역량을 중심으로 교육과정을 개편하자는 제안을 한 바 있으며, 교육과학기술부에서도 2009년 교육과학기술부 업무보고인 「교육과학기술의 미래 경쟁력 강화」에서 핵심역량 개발을 위한 교육과정 개편에 대해 언급하는 등 국내 여러 정부정책 발표에서 '역량기반 교육'에 대한 필요성이 자주 거론되었다. 관련 기관과 학계에서 긍정적 방안 모색과 한계 및 우려의 목소리가 혼재된 가운데 한국교육과정평가원은 역량기반 교육과정개발을 위한 정책연구를 시작하였다. OECD가 DeSeCo 프로젝트를 통해 발표한 세 가지 핵심역량인 '사회적으로 이질적인 집단 내에서의 상호작용 능력(Interact in heterogeneous groups)', '자율적인 행위 능력(Act autonomously)', '도구를 상호작용적으로 사용하는 능력(Use tools interactively)'이 3개의 영역과 그에 따른 9개의 핵심역량을 바탕으로 한국교육과정 평가원에서는 2007년부터 3개년 계획으로 핵심역량과 관련된 연구(윤현진 외, 2007)를 수행하였고, 이 연구의 성과로 미래 한국인에게 요구되는 9가지 핵심역량인 '갈등조정 능력', '문제해결 능력', '의사소통 능력', '정보처리 능력', '창의력', '시민의식', '자기주도적 학습 능력', '다문화이해 능력', '삶의향유 능력'이 도출되었다.

이 시기 개인 연구 차원에서 주목을 받았던 소경희의 역량 관련 연구 중 소경희(2007, 2009)의 미래사회의 변화를 대비해 핵심역량을 도입해야 한다는 주장은 새로운 '자유교육'의 모습을 그려보기 위한 노력의 일환으로 그 속에는 자유교육의 성격이 녹아 있고, 그 의미를 파악하여 역량기반 교육과정에 담아내야 한다는 주장을 하기도 하였다. 이러한 주장은 설득력을 얻기도 하였지만 일각에서는 '역량기반 교육'이 자유 교육적 성격을 띤다는 주장에 대해 자유 교육적 성격이 모호하다는 비판을 제기하기도 하였다. 이렇듯 학자들마다 다양한 관점에서의 '역량기반 교육'에 대한 연구들은 '역량'의 맥락과 의미를 탐색하는 데 도움이 되었다. 이후에도 '역량기반 교육'의 활성화를 위한 정책연구와 다양한 이론을 근거로 한 비판과 긍정적 관점에서의 개인 연구는 활발히 진행되었다.

앞서 선정된 핵심역량을 수정・보완하고 핵심역량함양을 위한 목표설정, 영역구성, 교과교육과정, 운영의 측면으로 나누어 국가교육과정 편성에서 역량을 반영하는 방안들(이광우 외, 2008, 2009, 2014; 이근호 외, 2012, 2013; 박순경 외, 2014)을 제시하였고, 국내 사례를 비롯해 외국의 역량기반 교육과정 현장 적용 사례를 소개하는 연구(백남진 2014; 백남진, 온정덕, 2015; 소경희 외 2013a, 이미미, 2014; 이승미, 2012; 2013b; 임유나, 2016a, 2016b; 홍원표 외, 2010, 2011, 2014)도 진행되었다.

이러한 다양한 연구 결과를 기반으로 '2015 개정 교육과정'이 발표되었고, 2015 개정 교육과정은 2009 개정 교육과정이 추구하는 인간상 4가지 '자주적인 사람', '창의적인 사람', '교양 있는 사람', '더불어 사는 사람'을 제시하고, 이러한 인간상을 구현하기 위해 중점적으로 기르고자 하는 핵심역량 6가지 '자기관리 역량', '지식 정보처리 역량', '창의적 사고 역량', '심미적 감성 역량', '의사소통 역량', '공동체 역량'을 설정하여 제시하였다(교육부, 2015 pp.1-2).

2015 개정 교육과정이 학교 교육과정에 효과적으로 도입되어 역량함양이라는 궁극적인 목표가 실현될 수 있도록 교수-학습 방법, 평가 및 성과측정 지표개발, 교사 교육, 학습생태계 탐색 등 영역별 세부 연구들(최상덕 외, 2013, 2014, 2015; 이근호 외, 2013b; 이상하 외, 2014; 박선화 외, 2017; 김창환 외, 2013; 김동영 외, 2013; 이인화 외, 2017; 남궁지영 외, 2015; 박영숙 외, 2015, 2017; 홍선주 외, 2017; 이상은 외, 2017)도 지속적으로 진행되었다.

OECD DeSeCo 프로젝트의 연구 결과가 발표될 당시의 제안과 아이디어가 오늘날에도 그대로 적용되기에는 한계가 있었다. 이러한 맥락에서 OECD를 중심으로 많은 나라들이 동참하여 포스트 DeSeCo 프로젝트라 할 수 있는 'OECD Education 2030' 프로젝트가 2015년에 시작 되었다. DeSeCo 프로젝트가 미래 사회 핵심역량을 도출해 내었다면, OECD Education 2030 프로젝트는 이 핵심역량을 기르기 위한 교육과정, 교수-학습방법, 평가시스템 등을 도출해 내는 것을 목표로 하고 있다. OECD 회원국을 비롯한 29개 국가가 참여하는 이 프로젝트에 우리나라 역시 참여 국가 중 하나로 2016년부터 참여를 시작하여 국가의 교육과정 전반에 대한 각 교과 교육과정에 대한 심층 조사를 추진하고 있는 중이다. 한국교육개발원이 국가 주관기관으로 활동하며, 교육과정 국제 비교조사를 수행할 한국 측 협력 기관으로는 한국교육과정평가원을 선정하였다.[7] 따라서 이 두 연구기관이 주축이 되어 각 교과 교육과정의 구조와 내용 체계를 조사하고 역량과의 관련성을 밝히려는 연구들(이근호 외, 2017; 윤종혁 외, 2016; 이미경 외, 2016; 최수진 외, 2017)을 추진하였다. 현재에도 관련 연구들이 진행되고 있고, 이 외에도 한국직업능력개발원을 비롯한 정부 연구기관과 각계각층의 다양한 개인 연구가 활발히 진행되고 있다.

특히, 그간 초・중등학교를 주축으로 활발한 논의와 적용방안이 연구되어졌던데 반해 그나마 직업교육영역에서 소극적인 연구가 진행되었던 대학의 '역량기반 교육'이 이제는 대학 내부와 직업능력개발원 등의 정책연구기관에서 방안제시와 실천 방법에 대한 연구 등이 활발히 이루어지는 분위기이다. 아직 초기 단계이기는 하지만 대학의 인재상과 설립 목표를 반영한 핵심역량 도출과 역량기반 전공 혹은 교양교육과정 개발연구(김기홍 외, 2017; 이수현, 2020; 조평규, 2020; 최현철 외, 2020)에 박차를 가하고 있다. 이상과 같이 역량개념이 교육현장으로 유입된 시기부터 현재까지의 '역량기반 교육'의 연구 동향을 살펴보았다.

이 결과 국내 연구 초기 단계에는, 정책연구기관에서는 핵심역량 선정과 개념 규정에 관한 연구에 집중하였고, 학계에서는 이 핵심역량에 기반해 '역량기반 교육'의 가능성을 탐색하고, 역량 개념의 의미를 개념화하기 위한 다양한 이론적

7) 한국교육과정평가원은 OECD Education 2030 프로젝트에 교육과정 코디네이터 (curriculum coordinator)의 자격으로 참여하고 있다.

접근을 시도하는 연구들이 주를 이루었다. 2015년 교육부가 2015 개정 교육과정을 발표하면서 핵심역량함양을 위한 역량 중심 교육과정이 공론화되었고, 이를 기점으로 연구의 동향도 역량 개념의 의미 탐색과 핵심역량 도출에서 '역량기반 교육'을 실행·적용할 수 있는 공급자 중심의 구체적인 방안 연구로 연구의 관심이 이동되었다. 2015 개정 교육과정이 실행되고 있는 최근의 연구 동향은 학습자 중심에서의 '역량기반 교육' 실천 방법에 관심을 두고 있으며, OECD 역시 초기 DeSeCo 프로젝트가 핵심역량 도출을 연구 목표로 삼았다면 Education 2030 프로젝트에서는 이 핵심역량을 기르기 위한 교육과정, 교수-학습방법, 평가시스템 등을 도출해 내는 것을 목표로 하고, 있는 것을 확인할 수 있다.

이렇듯 크게 세 부분으로 구분되는 연구 동향을 편의상 〈표 4-2〉와 같이 '제1기 역량기반 교육 연구'와 '제2기 역량기반 교육 연구', '제3기 역량기반 교육 연구' 시기로 지칭하고, 연구내용을 정리하였다.[8]

표 4-2 국내 '역량기반 교육' 연구의 시대별 흐름

구 분	연구내용
제1기 역량기반 교육 연구 (1990년대 말 ~ 2000년대 초)	〈역량기반 교육 의미 탐색〉 • 역량 개념의 의미 탐구 • 핵심역량 도출과 개념 규정 • '역량기반 교육'의 가능성 검토 등
제2기 역량기반 교육 연구 (2000년대 초 ~ 2015 개정 교육과정 시행 시점)	〈공급자 중심의 연구〉 • 2015 개정 교육과정의 핵심역량과 교과와의 관계 분석 • 역량기반 교육의 실행 방안에 관한 구체적인 방법 연구 - 교수학습방법 - 성과측정(평가) - 교사 교육 등 • 대학의 역량기반 교육 도입을 위한 연구 등

8) OECD의 DeSeCo 프로젝트는 학교 교육의 대안으로 전 세계가 '역량'에 주목하게 되었고, 국내 '역량기반 교육' 연구의 특성 또한 순수한 호기심에서의 역량 개념에 대한 의미 탐구에서 우리만의 핵심역량 도출과 실제 역량을 기반으로 하여 어떻게 수업을 실행해야하는지에 대한 실천적 연구 방법 모색으로 연구의 주제가 변화되는 전환점이기도 하다.

구 분	연구내용
제3기 역량기반 교육 연구 (2015 개정 교육과정 적용 시점~현재)	〈학습자 중심의 연구〉 • OECD Education 2030 프로젝트 참여 - 학습 프레임워크개발 - 교육과정 내용 맵핑 개발 - 교육과정 분석 • 역량기반 교육 개선 방향 탐색 • 역량기반 교육 수혜자들의 인식분석 • 역량프로그램이 학생의 역량함양에 미치는 효과 등

제5장 역량기반 교육 연구의 성과

본 장에서는 연구 동향에 이어 주요 연구 성과를 살펴보도록 하겠다.

먼저, 국내 초기 연구 단계인 제1기 '역량기반 교육' 연구의 성과는, 우리나라만의 핵심역량이 도출되었다는 것이다. OECD의 핵심역량 발표가 있기 전에도 국내에서는 '직업기초역량', '생애 능력' 등의 용어로 핵심역량의 성격을 띤 연구(김안나 외, 2001, 2002, 2003; 서우석, 2000; 소경희, 2001)들이 진행되기도 하였다. 하지만 [그림 5 - 1]과 같이 OECD에서 발표한 핵심역량을 기준으로, 자국의 교육환경과 국가가 추구하는 비전과 목표를 반영하여 우리나라만의 핵심역량을 도출하였다.

그림 5 - 1 국가수준 교육과정 핵심역량 도출 과정

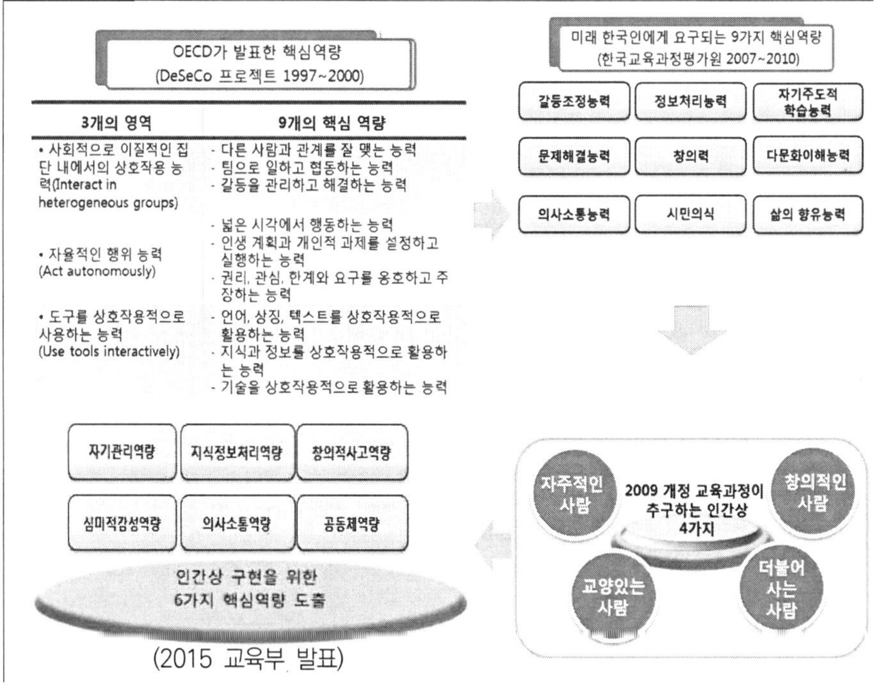

국가의 관심 속에서 핵심역량 재구성이 이루어졌기 때문에 정책연구로 먼저 핵심역량 도출을 위한 연구가 시작되었고, 비록 역량에 대한 명확한 개념 체제 제시를 하지는 못하였지만 학계에서는 다양한 관점에서의 개념해체 시도와 해외 사례를 소개하는 연구가 함께 이루어져 한국교육과정평가원에서 1997년 3개년 계획으로 미래 한국인에게 요구되는 9가지 핵심역량을 선정하고 그 개념을 규정하려고 노력하였다. 이렇게 도출된 핵심역량 9가지는 이후 2009 개정 교육과정이 추구하는 4가지 인간상 구현을 위한 핵심역량 6가지로 수정・보완되어 2015년에 발표되었다.

다음으로, 이 여섯 가지 핵심역량함양을 위하여 국가수준 교육과정을 개편하는 작업이 이루어졌고, 이는 학교 교육과정의 역할을 환기시키는 효과를 거두기도 하였다. 이러한 계기로 제2기 역량기반 교육 연구가 활발히 진행되어 2015 개정 교육과정의 핵심역량과 교과와의 관계 분석 연구가 활발히 진행되었다. 2015 개정 교육과정은 통합사회・통합과학 등 문・이과 공통과목의 신설, 인문・사회・과학기술에 대한 기초 소양 교육 강화, 교과별 핵심 개념과 원리 중심의 학습내용 적정화, 학생활동 중심의 교실 수업을 위한 교수・학습, 평가 방법 등을 제시하였는데, 특징적인 요소로서 핵심역량을 설정하였다(교육부, 2015. p.3). 2009 개정 교육과정에서도 핵심역량 개념이 언급된 바 있지만 2009 개정 교육과정이 추구하는 인간상 구현을 위해 핵심역량 6가지가 설정되었고, 그것이 2015 개정 교육과정에서 제안되었다는 것을 고려할 때, 2015 개정 교육과정에서의 핵심역량의 중요성은 더욱 강조된 것으로 볼 수 있다.

셋째, OECD Education 2030 프로젝트의 참여이다. OECD Education 2030 프로젝트의 주요 성과로 기대되는 것은 다음의 두 가지이다. 먼저, 2015년에서 2018년까지의 기간 동안은 학습프레임워크(Learning Framework)[9]를 개발하는 것이 목표였기 때문에 OECD에서 제안한 교육과정 국제 비교 조사 틀에

9) 학습 프레임워크(Learning Framework)는 학생들이 자신의 삶을 계획해 나가는 데 있어서 방향설정에 도움을 주는 역할을 해주는 학습 틀이다. 관련 연구자들은 이 프레임워크에 대한 이해는 교육과정 내용 맵핑(CCM)을 비롯한 다른 OECD 과제들을 수행하는 데 있어서 반드시 필요하다고 말한다.

맞추어 우리나라 국가 교육과정의 전반에 대한 조사를 수행하였고, 그 결과 21세기 역량기반 교육과정 개발 방향을 제시하였다.[10] 2019년 이후 단계에서는 역량 학습에 필요한 교수-학습 방법, 평가 방법, 학습 환경 등에 대한 연구를 추진할 계획을 세우고 연구 중에 있기 때문에 이러한 방법들이 보다 구체화 될 것으로 보인다. 따라서 주요 성과를 정리하면, 교육과정 내용 맵핑(Curriculum Content Mapping : CCM)개발, 학습 프레임워크(Learning Framework)개발, 교육과정 분석(Curriculum Analysis)과 같다.

마지막으로, 여전히 '역량기반 교육'의 개념 체제와 실행방법에 대한 부실 문제가 혼재되어 있지만, 대표적인 성과는 현재 역량기반 교육과정이 담론을 넘어 학교 현장에서 실제 실행되고 있다는 점이다. 새로운 시도와 제안들이 여러 장벽에 부딪혀 논의에만 그치는 경우가 많은데, '역량기반 교육'을 둘러싼 많은 논의와 연구들이 기반이 되어 교육과정이 설계되고, 학교 현장에서 실행되고 있다는 점은 '역량기반 교육'이 해결하지 못한 문제를 잠시 차치하더라도 '역량기반 교육' 연구의 대표적인 성과라 할 수 있다. 이상과 같이 국내 '역량기반 교육'의 주요 연구 흐름과 연구 성과에 대해 살펴보았다.

---

10) 21세기 역량기반 교육과정 개발 방향 연구 - OECD Education 2030(이미경 외, 2016) 한국교육과정평가원

제6장 역량기반 교육의 성찰

역량의 개념이 본격적으로 교육계로 도입된 지, 20여 년이 넘는 시간 동안 학교 현장, 관련 기관과 학계를 넘어 사회 이면의 각계각층에서 '역량기반 교육' 및 핵심역량에 대한 관심과 연구 활동은 매우 활발하였다.

'역량기반 교육'은 지식과 행위, 이론적 지식과 실천적 지식, 학문적 지식과 실제적 지식의 통합을 강조하며, 학교와 학교 밖 학습의 연계를 강조하고 교육방법 및 평가방식의 혁신을 통해 교육과정 운영에서의 변화를 시도한다는 점에서 긍정적인 평가를 받기도 하였다(박민정, 2009). 하지만, 핵심역량의 중요성이 강조된 2015 개정 교육과정이 2015년 가을, 총론 발표에 이어 1년 반 만인 2017년에 초등학교 1, 2학년을 시작으로 학교 현장에 적용되었다는 사실만으로도 '역량기반 교육'이 다소 급하게 도입되었다는 것을 알 수 있다. 이로 인해 '역량기반 교육'을 실제 운영・적용하는 교사들은 '역량기반 교육'을 이해하고, 실천하는 데 어려움을 겪고 있다. 이는 현재 시점이 '역량기반 교육' 도입의 초기 단계이기 때문에 어쩌면 당연한 것이고, 과도기에 일시적으로 있을 수 있는 혼란이라고 볼 수도 있다.

하지만 '역량기반 교육'의 올바른 이해와 정착을 위해서는 앞으로의 전진도 중요하지만 잠시 멈춰 걸어온 자취를 되짚어 보고, 부족한 부분에 있어서는 그 비평을 겸허히 인정하고 받아들이는 태도도 필요하다. 비평은 대상을 바로 세우는 선설적인 노력의 한 계기로 작용할 수 있을 뿐 아니라 개선사항을 도출하여 수정과 보완을 거듭한 환류의 기회가 되기 때문이다. 따라서 현재까지 '역량기반 교육'을 진행해오면서 어떠한 평가와 내부 성찰이 있었는지 그 내용을 탐색해 보고자 한다.

이 탐색의 과정에서 정책연구기관, 학계, 학교(교사)가 '역량기반 교육'을 바라보는 관점과 운영 면에서의 밀접도와 역할이 다르기 때문에 이들 세 집단의 내부 비판과 성찰의 목소리를 각각 검토한 후 종합적으로 비교해 보고자 한다.

1. 정책 제안자의 내부 성찰

핵심역량 도출 및 역량기반 교육과정 정책연구의 필두에 있는 한국교육과정평가원(2018)은 「국가수준 교육과정 문서 체제 분석 및 개선 방향 탐색 연구」에서 핵심역량 실천 측면과 관련하여 다음과 같은 한계점을 밝혔다.

첫째, 2015 개정 교육과정 총론에서 새롭게 제시된 핵심역량은 2009 개정 교육과정에서 추구한 4가지 인간상의 구현 수단으로 제시되었다. 하지만 이 4가지 인간상과 6가지 핵심역량 간의 관계가 명료하게 드러난다고 보기 어렵다는 것이다. 예를 들어 추구하는 인간상의 첫 번째 항목인 자주적인 사람은 핵심역량 가운데 자기관리 역량과 명칭의 측면에서 가장 밀접하게 보인다. 추구하는 인간상의 두 번째 항목인 창의적인 사람은 핵심역량 가운데 창의적 사고 역량과 가장 밀접하게 보인다. 네 번째 항목인 더불어 사는 사람은 핵심역량 가운데 공동체 역량과 역시 가장 밀접하게 보인다. 하지만 이 외에는 추구하는 인간상과 핵심역량 간에 서로 직접적인 관련성이 있다고 보기 어렵다는 것이다.

둘째, 2015 개정 교육과정 총론의 어디에도 학교 교육 전 과정을 통해 핵심역량이 어떻게 활용될 수 있는지에 대한 규정은 제시되어 있지 않다. 물론 이후에 제시된 규정이 핵심역량을 기르기 위한 구체적인 규정에 해당한다고도 볼 수 있지만, 역시 구체적으로 핵심역량의 역할과 기능을 포함한 활용 방안이 무엇인지 알기 어렵다는 것이다. 이는 이 책에서 문제로 제기한 실천적 방법의 부재를 역량기반 교육과정의 제안자이자 입안자인 한국교육과정평가원에서도 한계로 인정하였다는 점에서 '역량기반 교육'의 내실화를 위해 반드시 해결이 필요한 부분이라 하겠다.

셋째, 2015 개정 교육과정 문서에서는 핵심역량이 아닌 교과역량을 제시하고 있는데, 왜 핵심역량이 아닌 교과역량을 제시하고 있는지, 그 이유에 대한 명확한 근거가 없다. 이와 관련하여 국가 교육과정 각론 조정 연구팀의 연구 보고서에서도 핵심역량이 교과역량으로 구체화되었다는 점을 제시하고는 있지만, 핵심역량과 교과역량은 이를 구성하는 구체적인 역량의 종류가 서로 다르기 때문에 핵심

역량과 교과역량의 관계를 이해하기는 쉽지 않다고 지적하였다.11)

한국교육과정평가원(2015)은 「국제 비교를 통한 국가 교육과정 적용체제 개선 연구」에서 역량기반 교육과정에 대한 준비과정을 현재의 수준에서 학교 현장에 적용하였을 때, 나타나는 문제점에 대해서 '역량기반 교육' 관계자들을 대상으로 심층면담 조사를 실시한 후 다음과 같은 내용을 지적하기도 하였다.

첫째, 핵심역량을 도입한 국가 교육과정 보급・전파의 문제점으로, 1) 이해를 돕는 자료가 부족하고, 그나마도 단조로우며, 학부모 및 일반인 대상 연수가 부족하다는 것이다. 2) 시・도교육청의 교육과정 편성・운영 지침과 관련해서는 국가 교육과정 내용을 반복적으로 제시하는 수준으로 작성되는 문제와 다른 한편으로 지나치게 상세하게 제시될 경우 학교의 자율성을 침해할 소지를 갖게 되는 이중적 문제가 있으므로 적정 수준을 고려하여 제시해야 하는 문제가 있다.

둘째, 교육과정 실행 지원에 대한 문제점으로, 1) 전달 요원을 활용한 일시적 대규모 연수에 치우친 연수방식이 교사들의 관심과 실천 동기를 갖도록 하는 데 어려움이 있다. 2) 양질의 교수학습 자료가 여전히 부족하며, 자료들 간의 차별성이 크지 않다는 것, 교수학습 자료들이 체계적으로 관리되지 못하고 여기저기 산재해 있다는 것, 그리고 자료에 대한 설명회나 연수 등이 제대로 이루어지고 있지 않다는 것이다.

셋째, 교육과정 모니터링과 관련한 문제로는, 현재 교육과정에 대한 컨설팅이 학교의 교육과정 편제표를 검토하는 정도로 이루어지고 있으며 실제 교육과정의 운영에 대한 컨설팅은 활발하지 못하다는 것이다.

더불어 역량기반 교육과정과 관련한 정책연구를 진행하였던 한혜정(2018)은 2015 개정 교육과정의 핵심역량함양 교육의 실효성 제고를 위하여 단순한 이론

---

11) 한국교육과정평가원(2018)의 「국가수준 교육과정 문서 체제 분석 및 개선 방향 탐색 연구」의 연구진으로 참여한 이승미는 해당 연구를 수정・보완한 자신의 개인 논문 이승미(2020)에서 해당 내용을 두고 2015 개정 교육과정에서 교육과정 총론 연구 개발에 공동연구진으로 참여하였거나 각론 조정 연구팀에 공동 연구진으로 참여한 교육과정 전공자의 의도를 충분히 이해하지 못한 결과일 수도 있다고 하였다. 그러나 정책연구기관의 관련 연구진이 의도를 파악하지 못할 정도라면 학교 현장에 있는 교사나 그 외 학교 관계자들에게는 이해하기가 더욱 난해할 것으로 보인다.

적 설명이 아닌 역량의 구체적인 구성 요소 및 구조 등을 명료하게 밝히기 위한 연구가 아직까지 부족하다고 비판하였다. 앞선 선행연구에서 '역량기반 교육'의 실행을 위한 핵심역량과 교과역량의 의미, 핵심역량함양과 교과역량의 관계 등에 대한 이론적 설명을 제시하려고 노력하였지만, 여전히 그 의미는 불분명하고, 특히 핵심역량함양과 교과 교육의 관계가 불투명한 것으로 나타났다. 따라서 향후에는 교육학적 연구방법론을 넘어서서 심리학, 의학, 뇌 과학적 분야와의 실험연구 등 획기적인 연구방법을 동원하여 핵심역량함양과 교과 교육의 관계가 무엇인지에 대한 심층적인 연구가 필요하다고도 하였다.

이와 같이 관련 정책연구기관은 핵심역량을 도입한 국가 교육과정을 학교 현장에 적용할 수 있도록 하기 위한 체제는 어느 정도 갖추어 왔으나 여전히 핵심역량을 포함한 '역량기반 교육'의 의미 해석에 대한 부족함과 실행과 관련한 필요와 요구를 충족시키기에는 지원・개선되어야 할 측면이 많은 것으로 지적하였다.

2. 이론적 검토자(학계)의 내부 성찰

먼저, '역량기반 교육'에 대한 연구를 진행해온 여러 학자들은 실천 중심의 활용 가능한 지식을 추구하는 '역량기반 교육'이 기계론적 환원주의에 토대를 두고 있고, 행동주의적 모형과 맥락을 같이 한다고 주장하였다. '역량기반 교육'의 목표 기술은 이들의 주장을 뒷받침한다. 이는 대부분 행동주의에 기반한 실천과 활용 위주의 목표로 설정되어 있는데, 이러한 환원주의적 목표 추구는 기계적 반응만을 훈련시키게 된다는 것이다. 즉, 역량을 기능적 역할을 수행하는 세분화된 작업들로만 규정하여 사용하고 있다는 지적이다.

둘째, 이러한 행동주의적이며 환원주의적인 접근을 기반으로 한 역할수행이 역량의 의미 혹은 표준화의 근원이 되고, 이는 다시 '역량기반 교육'의 평가 기준으로 활용되고 있어, '역량기반 교육' 커리큘럼의 전체적인 내용을 실천 행동에만 집중하는 것은, 결국, 지식의 범주와 깊이까지 축소시킬 수 있다는 우려를 낳기도 하였다. 본래 지식은 개방적이고, 융통성을 띠며, 확장성을 가지고 있다(Bull, 1985). 그런데, 이러한 지식을 앞서 거론한 구체적인 실천 행동에 한정시켜 목표를 설정한다면 결국 지식의 범주와 깊이가 축소될 것이라고 비판하였다.

셋째, 더불어 이러한 지나친 실천 행동 목표를 추구함으로 인해, 인간의 순수한 진리 탐구에 대한 욕망 즉, 방대한 지적 호기심은 무용지물로 전락하고, 사회에서 활용할 수 있는 실용주의적 기능 및 역할에만 가치를 두는 편견을 가지게 할 위험성이 존재한다고 하였다. 그리고 이러한 풍토는 결국 과정보다는 결과를 중시하게 되어 과정중심 접근과 결과중심 접근의 대립을 양산한다는 것이다.

넷째, 학계에서 '역량기반 교육'의 근원적인 문제로 늘 거론되는 것은 역량 개념에 대한 이론적 토대가 불분명하다는 것이다. 학자들의 주장에 따르면 그나마 앞서 말한 행동주의적 목표설정에 '역량기반 교육'이 의존하고 있는데, 여기에서 역량의 개념은 행동적 범주를 어디까지 할 것인지, 역량을 키우기 위해선 인지적 역할도 필요한데 이 인지적 역할에 대한 개념 정립이 이루어지지 않았고, 교육적 의미에 대한 이론적 근거가 불명확하며, 이 역량이 학생 개인이 가지고 있는 자질을 말하는 것인지 아니면 학습한 결과 얻어진 목표행동 혹은 기술습득 즉, 훈련을 말하는 것인지 역량의 개념은 모호하고, 일관성이 없이 사용되고 있다는 것이다.

다섯째, '역량기반 교육'의 또 다른 문제점으로 시장중심주의적 사회 특성을 '학교 교육'의 목표로 설정해 시장 논리의 경쟁체제 속에서 과업을 달성할 수 있는 사람을 인재상으로 설정하고 이러한 인재를 양성하는 것이 학교가 이뤄야 할 목표로 상정해 놓는 것은 '학교 교육'에 있어 윤리와 가치를 배제하고, 오로지 실용적인 전문 인력의 양성만이 학교 교육의 최종목표인 듯한, 현 상황은 학교가 사회의 경영적 마인드에 포섭되었다고 보았다. 학자들은 이러한 현상을 신자유주의적 교육이념과 밀접한 관련이 있다고도 보았다. 다시 말해 교육을 실용적이고 기능적인 관점으로만 인식하고, 그 속에서 개인의 자질, 책임, 그리고 적응력만을 강조하는 신자유주의적 교육이념을 반영한 것이라고 해석하였다. 이러한 현상은 학교가 시장 논리에 지배받고 있다는 지적을 피하기 어려울 것이다.

마지막으로 '역량기반 교육'을 어떻게 '학교 교육'을 통해 발현시킬 수 있을 것 인가하는 실행 부분에 대한 명확한 계획이나 방법론이 아직까지 미흡하다는 것이다. '역량기반 교육'을 공교육 시스템에 우리보다 먼저 도입한 외국의 경우에도 이 문제에 대해 아직까지 해결하지 못하고 있는 상황이다(Green, 2014). 여기에는 기존의 교과지식과 역량이라고 하는 실천적 행동능력을 어떻게 통합할 것인가의 문제도 담고 있다. 더불어 평가시스템에 대한 문제 제기도 활발하다. 핵심역량을 기준으로 한 특정 수행 능력을 평가하는 '역량기반 교육'의 평가시스템은 극단적인 양상을 보이기 쉽다는 것이다. 즉, 수행에 도달 하였는지 여부를 놓고, 학생들을 평가하는 것은 학생들이 깊이 있게 지식을 탐구하고, 비판적 사고를 확장할 기회를 부여하기보다는 직업 세계에서 필요로 하는 기술을 익히기에 급급한 결과를 초래하게 되었다. 같은 맥락에서 교사들은 이 역량 평가 틀에 맞춰 학생들의 가시적인 성과만을 평가의 대상으로 삼기 때문에 평가기준 외의 다양한 요소들을 간과해버리게 되고 결국 학생들의 잠재력을 억제하게 될 것이라는 우려의 목소리가 있다. 이상과 같이 학계에서 비판하는 '역량기반 교육'의 한계점에 대해 살펴보았다.

3. 운영자(학교 - 교사)의 내부 성찰

학교의 교사들은 교육과정 연구학교로 선정된 후 역량을 중심으로 학교 교육과정을 편성・운영하라는 과제를 받았을 때, 상당히 모호하고 막막했다고 회상하였다(이주연 외, 2017). 따라서 교사들은 관련 연구기관에서 출간한 역량기반 교육과정 관련 보고서를 참고하거나 국가 교육과정 공청회 자료들을 참고하면서 역량의 의미가 무엇인지 연구하는 동시에, 이러한 자료들에서 제시하고 있는 역량들을 참고하여 자신의 학교에서 추구해야 하는 역량을 설정해야 하는 별도의 노력을 기울일 수밖에 없었다고 한다. 학교 현장에서 별도의 역량을 선정한 이유에 대해서는 다음의 두 가지 이유를 거론하였다.

1) 제안하는 핵심역량이 너무 많기 때문이다. 그 모든 역량들에 주목하여 교육과정을 설계하고 학생들에게 제시하기엔 어려움이 따른다는 것이다.

너무 많은 핵심역량을 들이대고 '이거 다 길러라.' 이렇게 하기보다는, 학년군별로 그 학급이나 학교의 특성에 맞게 '중점 역량을 정해서 한 번 해봐라.' 이렇게 하는 것이 좋을 것 같아요. '이것(핵심역량)을 다 늘려라.' 이러면 선생님들도 혼란스러울 것 같아요. (C초등학교, 임교사)

[출처 : 이은주 외, (2017)12)]

2) 개별 학교의 상황이나 특성이 다르기 때문이다. 예를 들어 서울 강남에 위치한 학교와 도서·산간지방에 위치한 학교의 상황이나 학생의 특성이 서로 달라 학교에서 주목해야 할 역량이 다를 수밖에 없다는 것이다.

국가에서 제시한 6가지 핵심역량들을 다 한 번에 함양하게 할 수도 있겠지만, 좀 더 현실적으로 보면 학교마다 지역마다 상황이 달라요. 예를 들면, 서울 OO동 같은 경우(대도시)에는 학생들이 서로 당당하게 발표를 잘 하는 반면 남의 말을 들어주는 역량이 부족하다면 그런 역량을 길러야겠고, 우리 학교 같은 경우(지방)에는 말하는 역량, 소통하고 문제를 해결하는 역량, 지식·정보, 지식을 처리하는 역량이 필요하거든요. 학교마다 상황이 다르기 때문에 그 학교에 맞는 역량을 먼저 파악하고 설정하는 것이 저는 중요하다고 생각을 했어요. (C초등학교, 차교사)

[출처 : 이은주 외, (2017)]

크게 이 두 가지 이유로 학교는 2015 개정 교육과정 총론에서 제시한 역량들 가운데 학교 상황에 맞는 역량을 찾아 기존의 교육목표와 연계하는 작업을 하였

---

12) 한국교육과정평가원(2015)은 「국제 비교를 통한 국가 교육과정 적용 체제 개선 연구」를 진행하였는데, 이 연구에서 수집된 자료를 활용하여 이주연 외(2017)는 실제 역량기반 교육과정을 유영해본 교사들의 실천사례와 특징을 연구하였다. 이 책에서 역시 해당 연구에서 수집한 자료들 중, 본 단원과 관련된 학교 현장에서의 '역량기반 교육'에 대한 한계점을 도출해 보았다.

고, 학생, 학부모에게 설문조사를 실시하여 의견을 수렴하고 교사들 간의 협의를 통해 학교 자체 역량을 설정하는 작업이 불가피하였다고 한다.

둘째, 학교 자체 역량을 선정하였다 하더라도 어떻게 교육과정을 통해 해당 역량을 함양시킬 수 있을지 구체적인 방법을 마련하는 일이 교사들에겐 여전히 모호하고, 막막한 일이라고 하였다. 즉, 추상적인 역량의 개념을 어떻게 구체적인 수업으로 녹여낼 수 있을지, 즉 수업과 역량을 어떻게 연결할 것인지에 대해 많은 고민이 있었다고 언급하였다. 이 문제를 해결하기 위해 학교(교사)들이 찾은 방법은 성취기준을 교과별로 찾아 연결하는 방식으로 역량기반 교육과정의 설계를 시도하는 것이었다.

추상적인 핵심역량을 어떻게 수업 속에서 녹여낼 것인가는 보통 어려운 문제가 아니에요. 그래서 본교에서는 …(중략) 성취기준을 분석하다보면 역량과 연계가 되는 성취기준들이 있어요. …(중략) 그런 역량과 관련 있는 성취기준들을 추출해서 핵심역량과 연계가 되도록 그렇게 교육과정 재구성을 했어요. (C초등학교, 차교사)

[출처 : 이주연 외, (2017)]

적절한 활동을 선정하는 것이 어렵다. 수업 구상이나 평가 구상과 같은 단계에서 '어떤 걸로 아이들 역량을 평가할 것인가? ', '어떠한 활동이 아이들 역량을 기르는 데 도움이 될 것인가?'에 대한 선정이 되게 어렵다는 것을 느꼈어요(A 고등학교, 교사2).

[출처 : 허주 외, (2020)]

위 인터뷰 내용을 통해, 학교 현장에서 '역량기반 교육'을 운영하는 교사들에게 전하(轉荷)된 역할의 무게가 큰 부담이었다는 것을 짐작할 수 있다. 충분한 설명과 교육, 지침이 없는 상태에서 역량기반 교육 시범학교로 지정된 학교의 교사들이 찾아낸 해결책이 평가기준(성취기준)을 역으로 적용하여 역량과 교과 내용을 연결·통합하였다는 인터뷰 내용은 순수한 의미에서의 '역량기반 교육' 실천이라기보다는 학교가 '역량기반 교육' 시범학교로 지정되었기 때문에 '역량기반 교육'을 시도해야 하지만 그 방법을 모르니, 역으로 평가기준(성취기준)을 활용해서라도 수업설계를 할 수 밖에 없었다는 것으로 해석되어 당시 교사들의 막막했던 심정이 짐작되어 안타깝기도 하다. 이는 결국, 학교 현장에서의 '역량기반 교육'은 총론과 같은 문서상의 기대와 달리 각각의 역량과 교과 간 통합・연계를 어떻게 해야 하는가 하는 방법 측면을 매우 어려워하는 것을 알 수 있다.

더불어 한혜정 외(2018)의 연구를 보면 그나마 방향의 기준으로 삼았던 평가기준(성취기준)도, 전문적인 평가 기준과 검사 도구가 부족하여 자체 평가의 질적 수준을 높일 수 있는 지원 방안 마련이 필요하다고도 하였다.

> 저도 평가에 있어서 좀 어려운 점인데, 아이들의 역량이 어느 정도 향상 되었는지를 평가해야 한다고 생각을 하거든요. 제 수업에 있어서 얘가 어느 정도 역량이 향상되었는지를 평가를 해야 하는데, 그러한 점에 있어서 평가의 어려움? 그러니까 교사는 한 명이고 아이들은 다수이다 보니까 그 평가하는 데에 있어서 '제가 제대로 된 기준을 가지고 아이들을 평가할 수 있을까? 하는 걱정들이 있어요(A고등학교, 교사1).
> 실행단계에서도 이 실행을 통해 아이들의 역량이 성장되는지 교사가 지속적으로 확인하는 게 되게 어렵더라고요. 그래서 결론적으로 이야기하면 평가에 있어서 역량을 평가한다는 게 굉장히 어려웠고요(A고등학교, 교사2).
>
> [출처 : 허주 외, (2020)]

셋째, 융합교육과의 혼동이다. '역량기반 교육' 시범학교인 6개 학교는 모두 역량을 중심으로 교과 간 통합 교육과정 개발에 중점을 두었다. 그 이유를 역량을 분절된 지식을 단순히 축적하는 것이 아닌, 상황과 맥락에 따라 필요한 지식들을 융합하여 활용해야 한다고 생각하였기 때문이라고 하였다.

솔직히 핵심역량이 통합이잖아요.…(중략) 지식 중심에서 역량을 좀 더 함양할 수 있는 방향으로 한 단계 더 나아가는 거죠. 결국은 애들이 못 섞는 걸 우리가 섞어주자는 의미의 통합식 교육이 필요해요. 문제 해결을 하는 데 직접 도움을 주자는 거잖아요. (D중학교, 조교사)

[출처 : 이주연 외, (2017)]

(역량함양을 위해) 융합 수업을 저희가 했었는데요. …(중략) 저하고 부장님하고 담당하는 체육하고 과학을 묶어 봤죠. 저희가 이제 속력을 배울 차례였고요, 체육에서는 단거리 운동에서 기록측정 하는 게 있더라구요. 그래서 그 부분에서 애들이 달리기를, 50미터 달리기를 하고, 본인의 시간이 나오면 그거 거리가 나와 있으니까 속력을 구할 수가 있잖아요. 이런 식으로 해 가지고 연계했습니다. (E중학교, 오교사)

[출처 : 이주연 외, (2017)]

이렇듯 학교 현장에서는 '역량기반 교육'이라는 명목 아래 실상은 '융합교육'을 펼치고 있었다는 것인데, '역량기반 교육'이 각 핵심역량 간의 융합을 의미하는 것인지, 교과 지식의 융합을 의미하는 것인지 아니면 또 다른 융합을 의미하는 것인지 현장에서는 혼란을 거듭하고 있는 것을 알 수 있다. 이는 학교 현장과 교사들이 '역량기반 교육'을 제대로 이해하지 못하고 있는 데서 시작된 또 다른 증거로 볼 수 있다.

물론, 2015 개정 교육과정 총론과 2015 개정 교육과정에 따른 평가 기준 연구 보고서 곳곳에서 통합이란 용어가 자주 등장하기는 하지만 이것이 '융합교육'을 의미하는 것인가에 대해서는 명확하지 않다. 이는 '역량기반 교육'에 대한 개념이 모호한 상황에서 당연한 혼란이라고 볼 수 있다. 하지만 향후 '역량기반 교육'을 '융합교육'의 형태로 운영하는 이 문제에 대한 깊이 있는 검토가 필요하다고 보인다.

넷째, 입시문화라는 우리나라 학교 풍토에서의 '역량기반 교육'은 교사-학생-학부모에게 불안감을 주기도 하였다. 특히 고등학교의 경우 대학 입시로부터 자유로울 수 없는 상황이기 때문에 그 불안감은 더욱 큰 것으로 나타났다.

> 아이들 역량을 성장시킨다고 여러 가지 도입했었는데 '실제로 애들이 문제를 푸는 능력이라든지, 이러한 능력들이 다른 학교 아이들보다 저하되는 것은 아닌지, 혹시 내 수업방식이 좀 달랐더라면 입시에 좀 더 유리한 방향으로 가지 않았을까?' (A 고등학교, 교사 2).
>
> [출처 : 허주 외, (2017)]

마지막으로, '역량기반 교육'이라고 하는 새로운 교육패러다임 적용의 본질이 와전된 학교 현장의 보여주기식 적용 방식에 대한 문제가 있다.

> D 중학교에서는 학교 역량함양을 위해 역량과 관련된 특정 주제를 학년별로 선정하고 해당 주제와 관련된 교과 통합 프로그램을 개발하여 운영하였다. 예를 들어 1학년의 경우 시민의식이라는 역량함양을 위해 '인권'이라는 학습 주제를 선정한 후, 도덕과에서 인권에 대해 학습하고 수학과에서는 통계청의 인권 관련 자료를 토대로 토의하는 방식으로 교육과정 재구성을 시도하였다. (D중학교 운영사례)
>
> [출처 : 이주연 외, (2017)]

위 상황을 통해, '역량기반 교육'을 하기 위해 일부러 특정 주제를 선정하고, 학교 현장에서의 궁극적인 교육목표 달성을 위해 '역량기반 교육'을 적용하는 것이 아닌, '역량기반 교육'을 흉내 내기 위해 특정 주제를 선정하고 수업을 재구성하는, 주객이 전도된 이 같은 상황은 결코 '역량기반 교육'이 기대한 모습이 아닐 것이다. 이 역시 반드시 심도깊은 논의가 필요할 것으로 보인다. 이상과 같은 사례에서 학교 현장이 '역량기반 교육'을 실천한 후, 느낀 한계점을 살펴보았다.

4. 내부 성찰의 종합적 논점

이와 같이 '역량기반 교육'의 내부적 평가와 성찰을 제안자 혹은 입안자, 이론적 검토자, 실행자 측면에서 살펴보았다. 이 내용을 다시 성찰 내용을 기준으로 정리하여 공통된 의견과 차이를 비교하여 내부 성찰의 종합적 논점을 다음과 같이 요약·정리하였다.

먼저, 이들이 공통적으로 비판의 목소리를 낸 부분은 여전히 '역량기반 교육'의 근원적 문제라고도 할 수 있는 개념에 대한 이론적 토대의 불분명과 개념 체제의 부실 문제였다. 이 문제는 우려한 바와 같이 학교 현장에 많은 혼란을 야기하여 융합교육과 '역량기반 교육'을 혼동하여 실행하는가 하면, 지협적으로 특정 단원을 선정하여 보여주기식 수업을 운영하는 등의 문제로 이어져 올바른 '역량기반 교육'의 실천을 위해서는 반드시 명확한 개념체제의 성립이 필요하다는 것을 재확인할 수 있었다.

둘째, 실행 부분에 대한 명확한 계획이나 방법론이 아직까지 미흡하다는 것이다. 특히, 학교 현장의 교사들은 어떻게 교육과정을 통해 해당 역량을 함양시킬 수 있을지 구체적인 방법을 마련하는 일이 너무 모호하고, 막막하다고 하소연하였다. 입안기관인 관련 정부연구기관 역시 아직까지 실행과 관련한 학교 현장의 필요와 요구를 충족시키기에는 지원·개선되어야 할 측면이 많다고 스스로 성찰하였다. 하지만 이들 정부관련 연구기관은 핵심역량을 도입한 교육과정 체제는 갖추어져 있다고 평가하고 있어 이 부분은 다소의 입장차이가 있는 것으로 나타났다.

마지막, 이들의 공통된 비판 내용으로 '역량기반 교육'의 평가시스템 미흡 문제를 거론하였다. 특히 실행자적 입장인 학교(교사) 관계자들의 비판은 좀 더 구체적이고 현실적이었는데, 이들은 평가방법에 대한 자세한 지침이 없어 교사 스스로 평가방법을 모색하고 방향을 잡느라 어려움을 겪고 있다고 토로하였다. 입안기관인 정책연구기관은 '역량기반 교육'의 향후 과제로 교육학적 연구방법론을 넘어서서 뇌과학, 심리적 분야와의 실험연구 등 보다 의·과학적으로 발전된 연구가 필요하다고 제안하였는데, 이는 핵심역량함양이라는 목표 달성 여부를 평가하는 데 있어 부족함을 인지하고 있다고 해석할 수 있겠다.

이상과 같은 공통적 논점 외에 각각의 입장에 따라 다음과 같은 한계점을 밝혔다.

먼저, 제안자이자 입안자적 역할을 띠고 있는 정책연구기관은 핵심역량과 추구하는 인간상과의 직접적인 관련성이 부족해 보이는 부분을 지적하였고, 2015 개정 교육과정 문서에서 핵심역량이 아닌 '교과 역량'을 제시하는 등의 문서상의 모호함을 스스로 성찰하였다.

다음, 이론상 검토자의 역할을 담당하고 있는 학계에서는 구체적인 실천 행동에 한정시켜 목표를 설정한다면 결국 지식의 범주와 깊이가 축소될 것이며, 학습자들의 지적 호기심을 저해하고 기계적 반응만을 훈련시키게 될 것이라고 우려하였다. 또한 학교가 시장논리에 지배받게 되고, 이로 인해 윤리와 가치를 배제하는 학교가 사회의 경영적 마인드에 포섭되는 안타까운 상황을 비판하였다.

마지막으로 실제 '역량기반 교육'을 실행해본 경험이 있는 학교 - 교사들은 '역량기반 교육'의 이해와 적용에 대한 모호성, 교육부에서 제시한 총론과 정책연구를 비롯한 관련 선행 논의와의 탈맥락적 현장 적용, '역량기반 교육'에 대한 자의적 해석 및 활용, 어쩔 수 없는 교육정책의 변화 속에서의 보여주기식 적용 방식 등 학교 현장에서 '역량기반 교육'을 실천하는 데 있어 많은 문제가 혼재하고 있다고 토로하였다.

이상과 같이 '역량기반 교육'의 내부적 성찰을 확인해 보았다. 스스로의 민낯을 드러내고 솔직한 의견을 제시한 내부 성찰은 '역량기반 교육'의 올바른 이해와 적용을 돕는 밑거름 중 하나가 될 것이다.

제Ⅲ부

역량기반 교육 개념에 대한 이해

Ⅱ장에서 '역량기반 교육'에 대한 전반적인 이해의 폭을 넓혔다면, 본 Ⅲ장에서는 이를 토대로 지금의 '역량기반 교육'의 개념 체제를 분석하고, 그 안에 내재 된 교육관을 비판적으로 고찰하는 데 중점을 두고자 한다. 더불어 지금의 시점은 '역량기반 교육'이 실제 실행되고 있는 상황으로 기존의 선언적인 의미 제시 수준을 넘어, 실천사례를 바탕으로 '역량기반 교육'의 개념을 다각적인 관점에서 평가해야 할 필요가 있다고 판단하여 '역량기반 교육'의 실천사례를 통한 개념의 비판적 고찰도 수행하고자 한다. 이를 위해 먼저, 학문 논의에 있어 개념의 속성과 조건은 어떠한지를 살펴보겠다.

제7장 역량기반 교육의 개념 체제
제8장 역량기반 교육에 내재된 교육관
제9장 역량기반 교육 실천사례를 통한 개념 고찰

제7장 역량기반 교육의 개념 체제

1. 학문 논의에서 개념의 속성과 조건[13)]

‘역량기반 교육’ 개념에 내재된 ‘교육’ 개념의 분석을 위해 먼저 개념의 속성과 조건에 대해 살펴보자.

학문 논의에 있어 ‘개념’이란 용어는 자주 등장하지만, 이 ‘개념’이 무엇인지에 대한 질문에는 쉽사리 대답하기 어려울 것이다. 따라서 이에 대한 답을 찾기 위해 일찍이 「행동과학의 문제와 방법론(1989)」, 「행동과학의 연구이론(1992)」 이란 저서를 통해 학문 논의에서의 개념의 구조를 밝혀내고자 했던 장상호와 「의미와 진리(2004)」, 「논리와 구조(2006)」, 「주체 개념의 역사(2012)」 등을 통해 개념의 속성을 명료하게 드러내고자 노력했던 문장수의 설명을 통해 개념의 속성과 조건을 살펴보겠다.

먼저, 장상호의 말을 빌려보고자 한다. 지식은 감정과는 달리 어떤 상징체제나 논리적인 체제로 형성되지 않고는 존재할 수 없다. 그러나 그 논리적인 형식 속에는 사실적인 경험이 담겨야 한다. 과학자는 관념과 현실을 넘나들면서 현실에 대한 확실성 있는 지식체제(知識體制)를 형성해 나간다. 현상 배후에 작용하는 어떤 공통된 속성을 발견하여 개념을 구성하고, 개념과 개념 간의 관계를 판단하여 법칙을 구성하고, 법칙과 법칙 간의 관계를 추리하여 이론(理論)을 구성한다.

---

13) ‘개념’은 모든 이론적 이해의 기본요소이며, 모든 분과학문은 이 ‘개념’을 규정하는 과제를 가장 우선시해야 한다. 인간과 사물에 관한 사실 이해를 규정하는 개념은 인간과 사물들 내의 수 많은 특성들을 서로 구분되도록 규정하는 작업이기 때문에, 이 과정을 소개하는 것 역시 매우 깊고, 심오하다. 따라서 본 절에서 인식론의 긴 역사에서 제기된 개념의 본성에 대해 모두 소개하는 것은 어려울뿐더러, 이 책에서 다루고자 하는 논점의 균형이 자칫 기울 수 있기 때문에, 본 장에서는 학문 논의에서 필요로 하는 개념의 속성과 조건에 대한 특성들만 명료하게 소개하고자 한다.

과학자가 새로운 개념을 창조하는 경우를 다음의 3가지로 분류할 수 있다. 첫째, 표면적으로 다른 사물이나 혹은 사건 속에서 어떤 공통된 특징을 발견하였을 때, 새로운 개념을 창조한다. 둘째, 이미 있는 두 개 이상의 개념을 어떤 형식으로 조합(組合)함으로써 형성되기도 한다. 셋째, 어떤 관찰된 사물이나 사건의 배후에 잠복했으리라고 생각되는 어떤 속성을 발견함으로써 탄생된다. 과학자가 어떤 이유에 의해서 개념을 고안하든 간에, 그들이 과학적 개념으로써 기능을 하려면 우선 그것의 의미가 분명해야 한다. 하지만 이렇게 명료하고, 체계적인 설명을 추구하기란 보르소디(Borsodi)가 "정의"라는 말을 정의하는 방식이 26가지 있을 수 있음을 시사한 바와 같이 쉬운 일은 아니다. 우리는 일상생활을 하면서 용어의 의미를 분명히 밝히지 않고도 서로 의사소통을 한다. 민주주의의 개념에 대해서 각양각색의 의미를 가지고 있는 한 무리의 학생들이 밤새워 어떤 특정 국가가 민주진영에 속하는 지의 여부를 토론하기도 하고, 작가들은 독자에게 다양한 의미를 줄 수 있는 용어들을 구사함으로써 오히려 그의 작품의 진가(眞價)를 높이고자 하기도 한다. 그러나 과학적인 개념은 가능한 한 그것이 뜻하는 바가 여러 사람에게 동일하게 인식(認識)되도록 정의(定議)되어야만 한다.

장상호(1992)는 이를 네이글(Nagel)의 말을 빌려 보다 구체적으로 설명하였다. 과학자가 분명하고 체계적인 설명을 추구함에 있어, 과학은 일상적 언어의 불확정성을 기술함을 경감시켜야 한다. 개념의 명료성을 추구함으로써 명제들이 경험에 의해서 보다 완벽하고 비판적으로 검증될 수 있는 것이다. 덜 발전된 학문 분야일수록 애매모호한 개념들이 자주 눈에 띈다. 매우 통속적인 수준에서 상호 이해 전제로 무질서하게 이용되고 있다. 심지어 그 애매모호한 개념들의 다양한 의미를 소개하는 것만으로 하나의 입문서와 강좌가 끝나기도 한다. 이는 마치 '역량기반 교육' 개념에 대한 애매모호한 현 체제를 꼬집는 듯하다.

다음으로 문장수가 소개한 개념의 속성을 살펴보고자 한다.

그는 개념의 정의와 기원에 대한 합리론적 대안, 경험론적 대안 그리고 칸트적 대안을 차례로 비판하면서 개념의 구조성과 그 특성들을 명료하게 드러내려고 노력하였다. 그 내용은 다음과 같다. 첫째, 개념은 언어와 긴밀한 관계를 갖지만 오직 언어의 의미에 귀속되지는 않는다. 둘째, 개념은 감각적 이미지들과 불가분의 관계를 가지지만, 그것은 이미지들의 집합에 완전히 포섭되지 않고 그것을 넘어선다. 셋째, 동일한 용어의 개념도 개인에 따라 차이를 가질 수 있다. 넷째, 개념은 일의적으로 주어지는 것이 아니라, 구조적으로 주어진다. 다시 말해 개념은 단순히 한 단어의 의미 내지는 사용법으로 정의할 수 있을 것 같지만, 사실은 문장적 지평의 구조의미를 함축한다. 다섯째, 거시적 관점에서, 개념, 판단 그리고 추리 사이에 변증법적 순환성이 있다면, 미시적 관점에서는 개념들 그 자체는 다시 주어개념(실체)과 술어개념(속성)으로 세분화 되는데, 이들 양자 사이에도 변증법적 순환성이 있다. 이들 개념의 속성을 보다 자세히 살펴보자.

먼저, 개념은 언어와 긴밀한 관계를 가지지만 오직 언어의 의미에 귀속되지는 않는다. 예를 들어 "푸르다", "희다" 등의 용어들은 다른 언어 기호로 정의할 수 있는 것이 아니다. 이 단어를 설명해 줄 다른 언어를 제공하는 것은 불가능하지만, 흰 고양이를 보고, "저 고양이는 희다" 또는 푸른 바다를 보고 "저 바다는 푸르다"라고 말한다면, 그 아이는 "희다"와 "푸르다"의 개념을 이해한다고 할 수 있을 것이다. 그러나 개념을 모종의 단어에 대한 정의로 간주하든, 그 단어의 사용법으로 간주하든 어쨌든 개념은 단어의 의미에 완전히 포섭되지 않는다. 왜냐하면 발생학적 관점에서 볼 때, 유아들이 먼저 언어를 습득하고 그 뒤에 개념을 가지는 것이 아니라, 감각-지각적 차원 또는 행동적 차원에서 먼저 모종의 원시적 개념을 구성하고서 나중에 이것에 언어를 적용하는 방법을 배우기 때문이다. 바로 이런 사실 때문에, 언어는 관념을 표현하는 부차적인 기호라고 간주했다.

둘째, 개념은 감각-지각적 이미지들과 불가분의 관계를 가지지만, 그것은 이미지들의 집합에 완전히 포섭되지 않고 그것을 넘어선다.[14] 이에 흄은 우리가 모종의 인상을 가지고 있지 않다면, 우리는 의미 있는 관념을 가지고 있다고 할 수 없다고 하면서, 지관 없는 일체의 개념을 해체하려고 했다. 이에 칸트도 지관 없는 개념은 공허하다고 역설한 바 있다. 그러나 자유, 정의, 평화 등에 직접적으로 대응하는 인상은 없다. 물론 이들 용어들은 광의의 경험으로 환원시킬 수는

14) 여기에서 말하는 이미지란, 인상, 감각, 지각 등을 넘어 경험적 내용까지 포함한다.

있을 것이다. 그러나 수학적 개념들은 그러한 광의의 경험 개념으로도 대응시키기 어렵다. 그뿐만 아니라, '그리고', '그러나', '또는' 등과 같은 논리적 기능어들은 그것에 대응하는 어떠한 경험적 이미지 내용도 없다.

셋째, 동일한 용어의 개념도 개인에 따라 차이를 가질 수 있다는 것이다. 피아제는 동일한 개념이라도 연령에 따라 다양한 위계가 있다는 것을 너무나 풍부하게 증명한 바 있다. 같은 맥락에서 이는 주변에서도 어렵지 않게 예를 찾을 수 있다. 정상적인 사람과 맹인의 붉은 색에 대한 개념은 동일하지 않을 것이다. 맹인은 순수 물리학적인 파장에 대한 한가지의 준거를 가지고 붉은색을 이해한다면, 일반 사람은 시각에 의한 준거와 물리적인 파장이라는 두 가지 준거를 가지고 붉은 색을 이해한다. 그리고, 개념이라는 용어의 외연은 단순한 기호의 의미에 포섭되지 않으며, 감각적 이미지의 집합보다도 크다. 이처럼 개념은 한편에서 단어의 의미인 정의나 사용법을 지시하기도 하며, 다른 한편에서는 언어를 사용하기 이전에 우리의 정신 내적인 통일된 생각, 소위 관념을 지시하기도 한다. 그런데 관념이라는 용어로 합리주의자들은 선천적 관념, 즉 내포, 논리적 보편자, 이데아 등을 의미한다면, 경험주의자들은 감각적 이미지 또는 경험 내용 등과 교환적으로 사용한다. 따라서 우리가 일상적으로 사용하는 개념이라는 용어는 의미, 관념, 이미지, 기의[15] 등과 교차적으로 또는 포섭적으로 사용된다.

넷째, 개념은 일의적으로 주어지는 것이 아니라, 구조적으로 주어진다. 달리 말하면, 개념은 단순히 한 단어의 의미 내지는 사용법으로 정의할 수 있을 것 같지만, 사실은 문장적 지평의 의미를 함축한다는 것이다. 예를 들어 "돌의 개념은 돌"이라는 이 용어를 단순한 의미라고 생각하기 쉽지만, 돌이라는 이 단어의 의미가 이 용어 자체에서 독립적이며 직접적으로 주어지는 것은 아니다. 돌이라는 이 용어의 의미는 이 용어를 포함하는 가능한 모든 문장들의 구조에서 주어진다. 구조주의 언어학자들에 따르면, 그 구조는 두 가지 축을 가지는데 소위 통합관계축과 범례관계축이라 한다. 이 축으로 구성되는 전체성의 구조에서 돌의 개념이 주어진다. 예를 들면, '돌은 무겁다.', '솜은 가볍다.', '흙은 따뜻하다.', '물

---

15) 기호학자들은 개념을 '기의(signifié)'라고 주장한다(문장수, 2007, p.129).

은 차갑다.', '모래는 돌보다 작고 흙보다 크다.', '물속에 있는 돌은 차고 햇볕을 받은 돌은 따뜻하다.' 여기서 문장의 질서인 가로축을 통합관계축이라고 하고, 돌, 솜, 흙, 모래로 연결되는 세로축을 범례관계축이라고 한다. 결국, 돌의 의미는 그 술어로 올 수 있는 '무겁다'와 이를 둘러싼 대비적 용어들인 '가볍다', '차갑다', '따뜻하다' 등으로 구성되는 관계망과 '돌', '흙', '물', '모래' 등으로 구성되는 범례관계망으로 이루어지는 전체성의 구조에서 결정된다.

다섯째, 최종적 결론으로 개념, 판단 그리고 추론은 상호 순환적 의존 구조를 갖는다. 한 때, 단순한 선적 사유에 습관화된 학자들은 우리의 사유는 개념에서 판단으로 판단에서 다시 추론으로 발달한다고 생각했다. 사실 단어의 의미가 개념이고, 두 단어 이상을 결합한 문장이 판단이기 때문에, 판단의 가능성의 조건은 우선 개념의 존재라고 생각할 수 있으며, 한 주어진 문장(판단 또는 명제)에서 새로운 문장을 도출하는 것을 추론이라고 하니까, 판단은 추론의 가능성의 전제 조건이라고 할 것이다. 그러나 개념 그 자체는 어떻게 주어진 것인가 유아가 돌의 개념을 획득할 때, 어떠한 판단 작용도 없이 처음부터 직관적으로 원초적 돌의 관념을 획득하지는 못한다. 최소한의 원시적 판단이 개입한다고 봐야 할 것이다. 그러면, 아동의 판단은 우리 성인들이 가지고 있는 그런 판단을 완전히 습득한다고 생각할 수 있는가, 역시 아니다. 돌에 대한 아동의 개념은 처음부터 직관적으로 주어지는 것이 아니라, 외적 경험들을 통한 수많은 판단 활동들을 통하여 점진적으로 구성된다. 그런데 판단 활동 그 자체는 어떻게 구성되는가, 미리 전제된 명제나 판단에 의존함이 없이 어떤 판단을 독립적으로 하는 것이 가능한가, 역시 아니다. 그것이 아무리 단순한 판단이라도 거기에는 일종의 추론 활동이 개입한다. 거시적 관점에서, 개념, 판단 그리고 추리 사이에 변증법적 순환성이 있다면, 다른 한편으로 미시적 관점에서, 개념들 그 자체에 다시 주어개념(실체)과 술어개념(속성)으로 세분화되는데, 이들 양자 사이에서도 변증법적 순환성이 있다는 것을 지지하면서 구성된 논리학이 오늘날의 양화논리학(술어논리학)이다.

이상과 같이 장상호, 문장수의 연구물에서 학문 논의에 있어 기본적으로 갖추어야 할 개념의 속성과 조건을 일부 살펴보았고, 마지막으로 사회현상을 사변적

구성개념이라는 모순 없는 연관 관계로 정리하고자 노력했던 사회과학방법론에서 명료하게 제시한 개념의 조건을 소개하고자 한다. 사회과학방법론에서는 개념의 조건으로 한정성, 통일성, 범위의 고려, 체계적 의미를 말하였다. 그 내용은 다음과 같다.

먼저, 개념의 한정성(determinancy)이란, 설명하고자 하는 현상이 경계가 막연하여 개개 사실의 특징을 나타낼 수 없다면 그것은 개념이라 할 수 없다. 즉, 어느 개념이라도 설명하고자 하는 사실 또는 현상을 명확하고 한정적으로, 그 특징을 나타낼 수 있어야 한다는 것이다.

둘째, 개념의 통일성(uniformity)이란, 개념에 대한 의사소통 상의 문제를 말하는데 만약 각기 다른 사용자가 동일한 현상을 놓고 각기 다른 개념을 쓴다면 이는 많은 혼란을 야기시킬 것이다. 따라서 설명하려는 현상을 나타내는 개념이 누구에게나 통일적으로 사용되어야 한다는 것이다.

셋째, 범위의 고려란, 개념의 추상화 정도를 말하는데 개념의 범위가 넓으면 넓을수록 실제의 사실이나 현상에서 점점 멀어져 이들에 대한 측정이 곤란해지는 것을 말한다. 하지만 그렇다고 해서 추상의 정도가 낮아서도 안 된다. 추상의 정도가 낮게 되면 현상에 직접적일 수는 있지만, 일반화 정도가 낮아 이론 형성에 있어서는 제한을 받게 되므로 범위와 개념의 한정성은 밀접한 관계가 있다는 것이다.

마지막으로, 개념의 체계적 의미란, 개념이 명제 및 이론에 있어서 구체화되어 있는 정도를 말한다. 달리 말해 이는 개념이 이론과 명제에서 분리되어 취급되어서는 안 된다는 것이다. 과학에 있어서 개념 형성은 이론과 분리될 수 없다. 따라서 개념이 설명과 예측이란 면에서 어느 정도 기여하는가 하는 관점에서 개념의 평가를 위한 하나의 기준으로 체계적 의미(Systemic Import) 즉, 명제 및 이론(설명 및 예측의 주요 도구)이 반드시 고려되어야 한다는 것이다.

개념은 인간과 사물에 관한 사실 이해를 규정하는 것으로 인간과 사물들 내의 수많은 특성들을 서로 구분되도록 규정하는 작업이기 때문에, 이 과정은 매우 복잡하고, 심오하다. 따라서 이 책에서 이 인식론의 긴 역사에서 제기된 개념의 본성에 대해 모두 소개하는 것은 어렵기 때문에 역량기반 교육을 해체하는 데 필요한 개념의 속성과 조건에 대한 특성들만 명료하게 소개하려 노력하였다. 철학적 관점에서 개념의 속성을 명료하게 정리하고자 노력했던 문장수 선생도 개념에 대한 정의를 한 마디로 단정하기 어려운 이유를 연구물 곳곳에 논리적으로 기술했을 만큼 개념의 구조는 매우 복잡하고, 난해하다. 하지만 개념은 모든 이론적 이해의 기본요소이며, 모든 분과학문은 이 개념을 규정함으로써 연구의 대상이 되는 세계를 일상적 현상과 다른 학문적 논의로 규정지을 수 있다고 생각한다. 따라서 이상과 같이 살펴본 기본적인 개념의 속성과 조건을 염두에 두고 다음과 같이 '역량기반 교육'의 개념이 갖추어야 할 요건들을 제시한다.

첫째, '역량기반 교육'의 개념을 명료하고 엄밀하게 한정한다. 즉 일상적 언어의 불확정성을 최소화한다.

둘째, '역량기반 교육'의 의미가 분명하게 한정되면서도 대상을 적절하게 규정하도록 한다.

셋째, 의미의 한정성, 적절성과 더불어 검토되어야 하는 것은 해당 의미를 가리키기 위해 사용되는 용어와 의미 사이에서 발생하는 문제이기 때문에 이를 심도 있게 분석한다.

지금까지 학문 논의에서 필요한 개념의 속성과 조건에 대해 살펴보았고, 이를 '역량기반 교육'의 개념 체제를 분석하는 기준 중 하나로 삼고자 한다.

2. '역량기반 교육'의 개념 체제 분석

기존 문헌들이 '역량기반 교육'의 개념 체제를 어떻게 구성하고 있는지 이해하기 위해서는 그들이 '역량'을 어떻게 정의하였는지를 우선 살펴보는 과정이 필요하다. 이때 '역량의 개념 체제를 어떻게 해석할 것인가'는 매우 중요한 과제이다. '역량' 개념 체제의 해석은 해석 주체와 텍스트에 대한 검토를 필요로 하는데, 결국 기존의 해석에 대한 새로운 해석의 도전과 그에 대한 반박을 통해 이루어진다. 즉, 또 다른 시각에서 재해석하는 순환적 과정으로써 이 책의 주체인 저자가 해석의 주체이고, 기존 문헌에서 정의한 텍스트가 검토 대상이다. 해석 주체의 선입견은 텍스트에 대한 올바른 이해를 위해 전제될 수밖에 없는 필수적 요소이다. 해석 주체는 텍스트에 대한 자신의 이해에 대해 의문을 품고 텍스트에게 답을 구해야 한다(이진규, 2018). 이때, 필수요소에 대한 용어 규정은 앞서 살펴본 학문 논의에서 필요한 개념의 속성과 조건에 기반을 두고 다음의 기준을 중시하여 설정하였다.

먼저, 한정성을 중시하였다. 즉, '역량기반 교육'의 개념을 명료화하는 데 있어 일상적 언어의 불확정성을 최소화하고자 하였다. 둘째, 적절성을 중시하였다. 기존 연구자들이 '역량기반 교육'의 정의에서 설명하고자 하는 의미와 특성을 전달하는데 적합한 용어를 설정하고자 노력하였다. 셋째, 적정한 수준의 범위를 고려하여 일반화가 가능한 개념설명에 집중하였다. 즉, 특정 문헌에서만 볼 수 있는 내용보다 전체 문헌에서 공통적으로 발견할 수 있는 내용에 주안점을 두었다.

이리하여 '역량'의 개념 체제를 밝히기 위해 질문하고, 그 질문에 대해 탐구하고 음미하여 기존 문헌들이 '역량'의 개념을 설명하기 위해 어떠한 필수요소 들을 제시하였는지 〈표 7-1〉과 같이 도출하였다.

표 7-1 '역량'의 개념 정의 및 필수요소[16)]

순번	학 자	개념 정의	필수요소
1	White (1959)	환경과 효과적으로 상호작용하는 능력으로 기꺼이 하고자 하는 마음	실제상황 수행능력

16) '역량'에 대한 개념 정의를 재탐색하는 과정에서 특기할 점으로 '역량'에 대한 정의를 서로의 연구에서 상호 인용하고 있다는 점이다. 이는 특히 최근의 연구들에서 쉽게 찾아볼 수 있었는데, 그 이유를 제2기 역량기반 교육 연구들이 기존의 개념 탐색에서 실천적 방안 연구로 연구의 주제가 바뀌면서 기존에 소개된 개념 정의를 그대로 인용하여 쓰고 있는 것으로 분석해본다. 따라서 기존 연구의 '역량' 개념 정의를 그대로 인용한 연구자의 개념 정의는 중복되기 때문에 다루지 않았음을 밝힌다.

순번	학 자	개념 정의	필수요소
2	McClelland (1973, 1993)	실제 수행상황에서 성공적인 수행을 가능하게 하는 평범한 수행자와 구분되는 우수한 수행자의 특성	실제상황 수행능력
3	Boyatzis (1982)	조직의 비전, 미션, 목표 달성과 연계되고 직무 수행에 효과적인 그리고 탁월한 성과를 산출하는 개인의 잠재적인 특성	수행능력 성과중시
4	Fagan (1984)	"행동적 목표와 책무성의 융합"을 대표하는 것으로 책무성과 투입-산출의 효율성을 강조하는 신경제학 이론의 이데올로기를 바탕으로 함.	수행능력 성과중시
5	Spencer & Spencer (1993)	특정한 상황이나 직무에서 구체적인 준거나 기준에 비추어 평가했을 때 효과적이고 우수한 성과의 원인이 되는 동기, 특질, 자기개념, 지식, 기술 등의 개인의 내적인 특성	실제상황 수행능력 성과중시 개인의 내적 특질
6	Parry (1996)	직무에 있어 중요하고 업무와 관련된 부분인 역할이나 책임 등에 영향을 주는 지식, 기술, 태도와 관련된 일종의 군으로, 기준에 의해 측정 가능하고 훈련이나 개발을 통해 개선될 수 있는 것.	실제상황 수행능력 개인의 내적 특질 학습가능성
7	Mirabile (1997)	문제해결, 분석적 사고, 리더십 등과 같이 직무의 고 성과에 관련된 지식, 기술, 능력, 혹은 특징을 의미하며 동기, 믿음, 가치 등을 포함하는 것	수행능력 성과중시 개인의 내적 특질
8	Athey & Orth (1999)	뛰어난 수행을 가능하게 하는 개인 및 조직의 지식, 기술, 태도, 행동으로 관찰 가능한 수행의 형태로 표현된 능력이며, 해당 조직이 지속적으로 경쟁에서 우위를 전할 수 있도록 하는 능력	수행능력 개인의 내적 특질
9	UNDP (1988)	기능을 효율적으로 그리고 지속적으로 수행할 수 있는 개인 및 조직의 능력	수행능력 개인의 내적 특질

순번	학 자	개념 정의	필수요소
10	김은상 (2000)	높은 업적을 내는 개인의 성과를 달성하는 과정에서 발휘하는 행동 특성의 집합으로서 지식, 기능, 태도로 구성됨	수행능력 성과중시 개인의 내적 특질
11	NCES (2002)	구체적인 과제를 수행하는데 필요한 기술, 능력, 지식의 집합체	실제상황 수행능력 개인의 내적 특질
12	김안나 외 (2002)	생애능력[17] : 사고력, 문제해결능력, 의사소통기술, 리더십 등 기초 소양뿐만 아니라 전문분야에서의 연구개발능력과 직업적 전문성 등으로 기초공통학습단계에서 습득한 기본 능력의 심화 및 장차 직업 세계에 진입하기 위해 필요한 제반 능력의 습득을 포괄하는 것	수행능력 개인의 내적 특질 학습가능성
13	OECD (Rychen & Salganik, 2003)	특정 맥락의 복잡한 요구를 태도, 감정, 가치, 동기 등과 같은 사회적, 행동적 요소뿐만 아니라 인지적, 실천적 기술을 가동시킴으로써 성공적으로 충족시키는 능력	수행능력 실제상황 개인의 내적 특질
14	유현숙 (2003)	생애능력(Key competencies)은 한 개인의 성공적인 수행을 예측하기 위해서 일상적 삶의 다양한 국면에서 요구되는 최소한의 기본 능력수준으로 생애발달단계별 특성을 지니며 지식, 기술, 태도를 포함하는 복합적, 종합적 능력으로서 학습가능성을 전제로 하고 있되 그 학습은 정규학교 체제에서 뿐만 아니라 비정규교육체제를 통해서도 이루어진다.	수행능력 실제상황 개인의 내적 특질 학습가능성
15	강석주 (2003)	특정 조직 내 직무수행 과정에서 두드러진 성과를 나타내는 사람들에게서만 볼 수 있는 차별적이며 상대적으로 탁월한 전문적 지식, 기술, 그리고 태도로서 직무수행을 어떻게 잘하는가에 큰 영향을 미치는 탁월한 행동	실제상황 수행능력 성과 중시 개인의 내적 특질

순번	학 자	개념 정의	필수요소
16	IBSTPI (2005)	직업기준에 비추어보았을 때, 해당 직업이나 기능을 효과적으로 수행하도록 하는 지식, 기술, 태도	실제상황 수행능력 개인의 내적 특질
17	뉴질랜드 Ministry of Education (2007)	구체적인 요구를 성공적으로 수행하기 위해 필요한 지식, 기능, 가치, 태도 등을 포함하는 인간 자질의 복합적인 결합체. 또한 주어진 과제 수행을 위해 가능한 자원(다양한 학습을 통해 습득한 지식과 기능, 타인, 커뮤니티의 지식과 가치, 언어 · 상징 · 텍스트와 같은 문화적 도구 등)을 활용할 수 있는 능력임	수행능력 개인의 내적 특질
18	윤정일 외 (2007)	사회적 환경이나 맥락과 결부된 인간의 능력이며, 사회적 맥락 내에 내재하여 있는 가치와 기준을 고려하여 발휘되는 능력	실제상황 수행능력 개인의 내적 특질
19	영국 QCA (2008)	역량이란 가시적으로 드러나는 행동만이 아니라 인지, 동기, 윤리, 의지, 사회적 요인을 포함하는 능력개념	수행능력 개인의 내적 특질
20	소경희 (2009)	특정 직업이나 직무에 국한된 구체적 능력만이 아니라 모든 사람들이 살아가기 위해 반드시 갖추어야할 일반적인 능력을 의미	실제상황 수행능력
21	박민정 (2009)	과제수행의 맥락을 분석하고 맥락적 특성에 비추어 자신이 갖고 있는 자원을 관리하고 운용할 수 있는 전략적, 상황적 지식을 의미	수행능력 개인의 내적 특질
22	이광우 외 (2009)	다양한 현상이나 문제를 효율적으로 혹은 합리적으로 해결하기 위해 학습자에게 요구되는 지식, 기능 태도의 총체	수행능력 개인의 내적 특질

17) 초창기 국내에서는 '역량'을 '생애능력'이라는 용어로 사용하기도 하였다.

순번	학 자	개념 정의	필수요소
23	OECD 교육2030 (2018)	새로운 가치 만들기(Creating new values), 긴장과 딜레마 조정해 나가기(Reconciling tensions and dilemmas), 책임감 갖기(Taking responsibility)	수행능력 개인의 내적 특질
24	김민정 (2019)	예측 불가능한 상황에 능동적으로 대응하여 예고되지 않은 다양한 문제들을 스스로 발견하고 적극적으로 해결해 내기까지 필요한 총체적 능력을 의미할 뿐 아니라, 그러한 총체적인 역량을 갖출 수 있도록 자기 자신의 신체적 건강과 멘탈리티, 진로 등 삶 전반을 관리하고 통제하는 능력까지 포함하는 새로운 개념	실제상황 수행능력 개인의 내적 특질

기존 문헌에서 연구자들이 제시한 '역량'에 대한 개념 정의들을 종합해 보면 몇 가지 공통적인 조건을 발견할 수 있다. 첫째, '역량'은 '실제상황'과 관련되어 있다. 역량은 인간이 살아가는 생활환경 또는 직무환경을 뜻하는 실제상황을 바탕으로 하여 상황에 적합하게 능력을 조정하여 적용할 수 있어야 한다는 조건을 가지고 있다. 둘째, '역량'은 '수행능력'과 관련되어 있다. '수행 능력'이란 이미 개인이 획득하였거나 내재된 개인의 내적 특질뿐 아니라 실제상황에서 발휘될 수 있는 능력을 포함하는 개념이다. 즉, 단순히 겉으로 드러나는 행동을 넘어서 고등 사고 수준의 능력 및 인지, 정의, 심동적 영역 전반의 능력과 관련된 의미를 갖는다. 따라서 '역량'의 개념 조건에서 이 '수행능력'은 필수조건이라 볼 수 있으며, 〈표 7-1〉에 소개된 '역량'의 개념 정의에서도 '수행능력'은 모두 포함되어 있는 것을 확인할 수 있었다. 셋째, '역량'은 '성과를 중시'한다. '역량'의 개념 정의에서 '탁월한 성과를 산출', '투입-산출', '직무의 고성과' 등의 표현에서 나타나듯, '역량'은 단순한 수행 과정보다는 처해진 실제상황에서 수행능력을 발휘해 최대한의 가시적인 결과 즉, '이익'을 창출해내는 것을 뜻한다. 이때 '이익'이라 함은 업무성과, 경제적 이익창출, 문제해결, 직무효율, 기타 개인의 성과 등을 의미한다. 넷째, '역량'은 '개인의 내적 특질'과 관련되어 있다. 역량이 인간

특성의 어느 한 측면에 국한된 것이 아니라 '지식', '기능', '가치 및 태도' 등 다양한 측면을 강조하는 능력으로 이해할 필요가 있다는 관점이다(소경희, 2007; 윤정일 외, 2007; 이광우 외, 2008; 이근호 외, 2013; 최상덕 외, 2013). 즉, '역량'은 개인의 종합적인 능력을 조건으로 한다. 다섯째, '역량'은 '학습 가능성'과 관련이 있다. '학습 가능성'이란 학습을 통해 역량을 함양하고 신장시킬 수 있는 앞으로의 가능성을 의미한다. '역량'이 학습 가능하다는 것은 '역량' 개념이 가지는 중요한 본질의 특성 중 하나이다. 만약 '역량'이 학습 가능한 특성을 지니고 있지 않다면, '역량기반 교육'의 존재 가치를 다시 재고해봐야 하기 때문이다. '학습 가능성'이라 함은 '역량'이 유전적으로 결정되는 인간의 능력과 달리, 경험에 의해 형성되고 학습을 통해 습득이 가능한 능력이라는 인식으로 이는 역량 개념을 구성하는 중요한 전제 중 하나이다(Rychen & Salganik, 2003). 그리고 〈표 7-2〉는 이 다섯 가지 조건이 '역량'의 개념 정의에서 어떻게 기술되었는지를 보여준다.

표 7-2 '역량'의 개념 정의 필수요소 기술내용

조 건	기 술
실제상황	'직무에 있어', '특정한 상황', '실제 수행상황', '구체적인 과제를 수행할 때', '환경', '조직', '특정 맥락의 복잡한 요구', '직업기준에 비추어 보았을 때', '특정 직업이나 직무에', '사람들이 살아가기 위해', '일상적 삶의 다양한 국면에서', '특정 조직 내 직무수행과정에서' 등 실제상황임을 전제로 개념을 설명하고 있다.
수행능력[18]	'기본 능력 수준', '뛰어난 수행을 가능하게 하는', '성공적으로 수행하기 위해', '뛰어난 수행을 가능하게 하는', '과제를 수행하는데', '일반적인 능력', '효율적으로 혹은 합리적으로 해결'
성과 중시	'탁월한 성과를 산출', '투입-산출', '직무의 고성과', '개인의 성과', '두드러진 성과'
개인의 내적 특질	'행동 특성의 집합으로서 지식, 기능, 태도로 구성', '기술, 능력, 지식의 집합체', '태도, 감정, 가치, 동기 등과 같은 사회적, 행동적 요소뿐만 아니라 인지적, 실천적, 기술을 가동시킴', '해당 직업이나 기능을 효과적으로 수행하도록 하는 지식, 기술, 태도', '지식, 기능, 가치, 태도 등을 포함하는 인간 자질의 복합적인 결합체', '인지, 동기, 윤리 의지, 사회적 요인을 포함하는 능력 개

조 건	기 술
	념', '행동 특성의 집합으로서 지식, 기능, 태도로 구성됨', '생애단계별 특성을 지니며 지식, 기술, 태도를 포함하는 복합적, 종합적 능력으로서 학습 가능성을 전제', '차별적이며 상대적으로 탁월한 전문적 지식, 기술, 그리고 태도로서 직무수행을 어떻게 잘하는 가에 큰 영향을 미치는 탁월한 행동', '자신이 갖고 있는 자원', '학습자에게 요구되는 지식, 기능 태도의 총체' '인간의 능력'
학습 가능성	'훈련이나 개발을 통해 개선될 수 있는', '학습 가능성을 전제로 하고', '제반 능력의 습득을 포괄'

이상과 같이 기존 문헌에 내재 된 '역량'의 정의를 통해 '역량'의 개념 체제를 구성하기 위해서 '실제상황', '수행능력', '성과중시', '개인의 내적 특질', '학습 가능성' 등 다섯 가지 조건을 필요로 했다는 사실을 도출하였다.

다음으로 '역량' 개념 체제의 조건이 초창기 연구와 이후의 연구들 간의 미세한 상대적 차이를 보이고 있다는 사실도 발견하였다. 우선 초창기 연구에서 '역량'이라는 용어를 처음 사용한 White(1959)는 '역량'을 '처해진 환경과 효과적으로 상호작용하는 능력과 마음가짐'이라고 정의하였다. 그리고 현재의 '역량' 개념에 직접적인 영향을 미친 McClelland(1973)는 '역량'을 '성공적인 수행을 가능하게 하는 우수한 수행자의 특성'으로 규정하였으며, 그의 뒤를 이은 Boyatzis(1982)는 '역량'을 '조직의 목표와 연계된 직무수행에 인과적으로 영향을 미치는 개인의 잠재적인 행동 특성'으로 정의하였다. 이와 같이 초창기 연구에서는 업무환경과 같은 '실제상황'에서 효과적인 '수행(능력)'으로 드러나는 가시적이며 관찰 가능한 '행동(성과중시)'을 역량의 개념 체제를 설명하는데 필요한 조건으로 사용하였다. 그리고 점차 이후로 갈수록 '역량'의 개념 체제는 '학습가능성', '개인의 내적 특질' 등 개념 정의를 위한 조건이 보다 구체화 된 것을 알 수 있다. 결국, '역량'의 개념 체제를 설명하기 위한 조건은 '실제상황'에서 '수행능력'과 '개인의 내적

18) 위와 같은 문구를 '역량'개념 정의에 직접적으로 사용하지 않았다고 해도 전체적인 내용이 기본 능력으로써 '수행능력'의 의미를 내포하고 있어 '역량'의 개념 조건에서 '수행능력'은 특히 필수조건이라 볼 수 있다.

특질'이 상호 긍정적인 작용을 하여 '성과'를 내는 것으로 해석할 수 있고, 이러한 '역량'은 학습을 통해 길러지고, 발현될 수 있다는 가정이 포함되어 있음을 알 수 있었다.

더불어 이와 같은 다섯 가지 조건을 수반한 '역량' 개념이 '역량기반 교육'의 개념 정의에서는 어떻게 반영되었고, 변형되었는지를 〈표 7 - 3〉과 같이 살펴보았다.

표 7-3 '역량' 중심의 '역량기반 교육'의 개념 체제 필수 조건

연번	학자 (발표년도)	개념 정의	조건
1	Grant et. al. (1979)	역량기반 교육은 학생들이 현대 사회에서 수행하기를 기대하는 실제적 역할에 대한 분석과 그 역할의 가시적인 수행(demonstration of performance)을 바탕으로 한 성장과정을 확인(assessment of the progress)하도록 커리큘럼을 짜놓은 교육의 한 형태	지식기반사회 행동주의목표 핵심역량 커리큘럼
2	Harris (1998)	역량기반 교육은 역량을 강화하기 위한 교육으로 역량모델을 기반으로 한다. 역량모델은 조직의 목적 달성에 결정적인 영향을 주는 역량의 집합체로 조직의 성과를 올리기 위하여 체계적으로 결정하는 과정이다.	핵심역량 커리큘럼
3	대통령 자문 교육혁신 위원회 (2007)	핵심역량교육은 직업 환경의 변화에 대응하는 능력을 함양하는 것. 기업 즉, 노동 요구에서 요구하는 핵심역량을 인력을 양성하기 위한 직무능력 향상. 교과과정과 다양한 상황에 대처하는 핵심역량 강화 프로그램의 운영을 포함함.	지식기반사회 핵심역량 행동주의목표 커리큘럼 직업세계의 요구
4	송경오, 박민정 (2007)	역량기반 교육은 학문적 지식중심의 학교교육을 비판하고 직업세계에서 요구되는 능력을 학교교육 내용에 반영해야 한다고 본다. 급속한 테크놀로지의 발전과 국제시장 및 노동환경의 변화는 개인에게 예전과는 다른 형태의 지식과 기술 및 태도를 갖출 것을 요구하고 있음에도 불구하고 학교교육은 학문지향성을 고수하면서 직업세계의 요구를	지식기반사회 행동주의 목표 핵심역량 직업세계의 요구

연번	학 자 (발표년도)	개념 정의	조 건
		간과하고 있다. 이러한 상황에서 역량 개념은 교육과 노동시장을 연계해주는 인적자본의 지표를 구축하는 데 유용한 개념적 도구로 활용된다.	
5	소경희 (2009)	학생들이 학교교육을 통해 단순히 교과지식을 축적하기보다는 실제로 무언가를 할 수 있는 능력을 갖추기를 더 기대한다. '역량기반 교육' 이란 바로 이러한 능력에 초점을 맞춘 교육을 일컫는 것이며, Whitehead(1949 : 16)가 말한 교육의 정의, 즉, "지식을 유용하게 만드는 기술의 획득"을 실천에 옮기려는 노력이다. 역량기반 교육은 현대사회의 예견되거나 실제적인 역할에 대한 분석을 통해 교육과정을 설계하고, 그 역할과 관련된 수행에 근거하여 학생들의 성취정도를 평가하려는 교육이다.	지식기반사회 행동주의목표 직업세계의 요구 커리큘럼
6	홍원표. 이근호 (2011)	역량기반 교육과정은 기존 교육 체제의 한계를 극복하려는 교육 개혁의 성과이자 학교에서 진행되는 엘리트교육, 아동중심교육의 사조를 거치고 난 후 학교교육의 내용을 대대적으로 재정비한 것	행동주의목표 커리큘럼
7	최상덕 외 (2013)	핵심역량교육이란 과학기술발전과 세계화로 인한 노동시장의 변화가 이끈 교육혁신의 일환이며 미래 사회에서 요구되는 핵심역량을 함양하는 것을 일컬음.	지식기반사회 핵심역량
8	이경호, 안선희 (2014)	역량기반 교육은 다양한 인간행동에서 합리적인 의사결정을 내리고 그 결과를 적극적으로 실천하는 역량을 증진시킬 목적으로 시행되는 것.	행동주의목표
9	이광우 외 (2017)	핵심역량은 교육의 방향이면서 교육목표의 성격을 동시에 지닌다고 할 수 있다. 2015 개정 교육과정 개정 당시에도 이러한 입장을 견지한 바 있다. 당시 핵심역량이 가졌던 교육적 함의는 넓게는 교육의 이념과 방향을 뜻하기도 하고, 좁게는 교육의 결과로서 학생에게서 길러지기를 기대하는 구체적인 교육 성과를 의미하는 것으로 보았으며, 목표를 인도하기도 하고, 내용의 선정과 조직의 혁신을 이끄는 원리라고 보았다	핵심역량 행동주의목표

연번	학 자 (발표년도)	개념 정의	조 건
10	한혜정, 이주연 (2017)	역량기반 교육과정은 지식을 습득한 상태에 머무르는 것보다 지식의 활용할 수 있는 능력과 앎을 기반으로 한 실천 능력의 획득을 강조한다(백남진, 온정덕, 2014 : 23; 최승현 외, 2011 : 4). 곧 역량기반 교육과정에서는 지식을 그대로 적용하는 능력이 아니라 과제수행 맥락에 대한 반성적 성찰을 통해 그에 적합한 지식과 기능을 가동시키고 활용하여 문제를 해결해가는 능력을 함양시키는 데 관심을 두며(이근호 외, 2013 : 14), 깊이 있는 이해를 바탕으로 현실 세계의 문제를 해결하기 위해 적용시킬 수 있는 전이 능력의 함양을 강조한다(김경자 외, 2015 : 83). 이에 따라 역량을 함양하기 위한 교육에서는 역량의 전이효과를 높일 수 있도록 지식을 적용하고 활용하기 위한 실생활 맥락(context)이 중요하게 강조된다. 따라서 역량기반 교육과정에서는 일상생활에서의 전이력이 높은 역량을 함양하기 위해 학습자가 실생활 속에서 직면할 수 있는 문제에 대한 해결책을 찾고 그러한 해결책을 실행에 옮겨보는 등의 학습경험을 제공하는 데 관심을 둔다(최승현 외, 2011; 55).	지식기반사회 핵심역량 행동주의목표 커리큘럼 직업세계의 요구
11	한국교육과정평가원 (2016)	2015 개정 교육과정은 학습경험의 질을 중시하고 있는데, 학습의 양과 결과보다 학습의 질과 과정을 중시하는 교육, 학습의 즐거움을 일깨워 주는 교육, 미래사회가 요구하는 핵심 소양과 역량을 실질적으로 길러주는 교육, 자기 성장이나 발전의 경험에 기초한 행복감을 증진하는 교육 등으로 요약할 수 있다. 이를 위해 앞에서 제시한 것과 같이 자주성, 창의성, 문화적 감수성, 배려와 나눔 등에 기초한 공동체 의식 등과 같은 가치들을 특별히 강조하게 된 것이다.	지식기반사회 핵심역량 행동주의 목표 커리큘럼
12	한국교육개발원 (2019)	역량중심 교육과정은 미래사회에 요구되는 역량함양을 목적으로 하는 교육이다.	지식기반사회 핵심역량 행동주의목표 커리큘림

이상과 같이 주요 연구자들이 제시한 '역량기반 교육'에 대한 개념 정의들을 종합해 보면 몇 가지 공통적인 조건을 발견할 수 있다. 그것은 '지식기반사회', '핵심역량', '행동주의 모형', '커리큘럼', '직업 세계의 요구'와 같다.

'역량기반 교육'의 개념 체제를 정의하기 위한 당연 조건은 앞서 살펴본 '역량'의 개념일 것이다. 앞서 살펴본 '역량'의 개념 체제 구성에 필요한 다섯 가지 조건 - 실제상황, 수행능력, 성과중시, 개인의 내적 특질, 학습 가능성 - 은 '역량기반 교육'에서 '실제상황'은 '지식기반 사회'로 그 범위가 확장되었고, '수행능력'과 '성과중시'는 '행동주의 목표'로, '개인의 내적 특질'과 '학습 가능성'은 '핵심역량'으로 그 의미가 포함되었다. 여기에 '커리큘럼'과 '직업세계의 요구'가 추가되었다.

이들에 대한 자세한 설명은 다음과 같다.

먼저, '역량'의 개념 정의 조건에서 '실제상황'이란 인간이 살아가는 생활환경 또는 직무환경을 뜻한다. 이러한 '실제상황'이 '역량기반 교육'에서는 '지식기반 사회'로 그 의미가 보다 확장되었다. '역량기반 교육'은 '지식기반사회'의 도래와 불가분의 관계를 가진다(송경오, 박민정, 2007). '역량기반 교육'은 과거로부터 현재까지 학교 현장에서 이루어진 지식(이론)전수 중심의 교육과 사회에서 요구되는 능력 간의 괴리를 문제로 의식함에서부터 등장하였다 볼 수 있다. '지식기반사회'에서는 지식을 생산하고, 재구성하며 활용할 때 창출되는 생산적 힘과 사회적 가치가 개인의 삶과 국가발전의 원동력이 된다고 믿는다(이돈희, 1999). 그러므로 '지식기반사회'를 살아가기 위해서는 도처에 깔려있는 폭발적인 지식과 정보들 가운데 필요한 것을 선택하고 활용하여 고부가가치의 지식을 창출해내고, 활용할 수 있는 능력이 필요하다고 기존 문헌들은 설명하고 있었다.

둘째, 역량의 개념 정의 조건에서 '수행능력'과 '성과중시'는 '역량기반 교육'에서 '행동주의 목표'로 그 의미가 포함되어 실천행동 중심의 역할수행을 강조하였다. '행동주의 목표'는 목적을 이루기 위한 실제적인 행위를 목표로 하는 행동주의를 기반으로 하는 목표설정을 말한다. '역량기반 교육'의 개념 체제는 이러한

'행동주의 목표'를 조건으로 하였다. Ashworth & Saxton(1990)와 Hyland (1997)를 비롯한 여러 학자들은 '역량기반 교육'이 '행동주의 모형'에 기초하여 지식(이론)이나 이해보다는 수행과 그에 대한 평가를 강조한다고 말하기도 하였다. 실제 개념 정의에서 '가시적인 수행(demonstration of performance)', '성장과정을 확인(assessment of the progress)', '광범위한 능력이나 가치를 통합한 총체적 수행' 등으로 수행능력과 성과중시를 강조한 행동주의 목표로 기술된 것을 확인할 수 있었다.

셋째, '역량' 개념 정의 조건에서의 '개인의 내적 특질'과 '학습가능성'은 '핵심역량'으로 표현되었다. '역량'의 개념에서 '개인의 내적 특질'은 가시적으로 객관화할 수 있는 지식과 더불어 단순한 기술의 차원을 넘어 개인에게 내면화되어 있는 기능(기술), 태도, 가치, 동기 등과 같은 사회적・행동적 요소와 인지적・실천적 기술과 같은 고도의 능력을 통해 지식을 활용하는 차원을 보다 향상시킬 수 있는 인간 행동 특성의 집합이다. 그리고 이러한 '개인의 내적 특질'은 학습가능성을 전제로 훈련이나 개발을 통해 개선될 수 있다고 '역량'의 개념 체제 분석과정에서 살펴보았다. '역량기반 교육' 개념 정의에서 이 '개인의 내적 특질'과 '학습가능성'을 '핵심역량'으로 표현하였다. '핵심역량'이란 삶을 위한 기초능력(Basic skill)으로 간주되었던 읽기, 쓰기, 셈하기를 넘어서, 개인의 성공적이고 책임감 있는 삶을 이끄는 데 있어서, 그리고 현재와 미래 사회의 도전에 직면하는 데 있어 꼭 필요한 역량을 의미한다(Rychen & Salganik, 2003). 결국, 미래 사회를 성공적으로 살아가기 위해 개인에게 요구되는 핵심적인 능력이며, 이러한 능력은 학습과 훈련이 가능하다는 것을 전제로 하며, 이를 통해 반드시 길러야 할 핵심적인 능력을 선정하여 학습시킨다는 의미로 해석할 수 있겠다. 이 '핵심역량'이 '역량기반 교육'의 개념 체제 조건 중 하나로 추출되었다.

넷째, '역량기반 교육'의 개념 정의를 위해 '커리큘럼'을 하나의 조건으로 사용하고 있었다. 간혹 역량과 관련된 연구 문헌을 보면 '역량기반 교육'과 '역량기반 교육과정'을 무분별하게 혼동하여 쓰는 경우를 쉽게 볼 수 있는데, 이 책에서는 '역량기반 교육'을 펼치기 위해 하나의 프로그램 즉, 커리큘럼(교육과정)을 설계한 것을 '역량기반 교육과정'이라고 규정한다. 같은 맥락에서 '역량기반 교육'의 개념을 선(先)정의 내린 기존 학자들의 개념 정의를 살펴보면, 이들이 '역량기반 교육'을 '… 체계적으로 결정하는 과정', '… 프로그램의 운영', '… 핵심역량을 강화하는 프로그램' 등 '과정' 혹은 '프로그램' 즉, 커리큘럼의 형태를 기술 하고 있는 것을 확인하였다. 이는 '역량기반 교육'이 단순한 일회성 학습이 아닌 장기간의 시간을 필요로 하고, 탄탄한 단계를 거쳐야 하는 과정이라는 의미도 포함하고 있다고 볼 수 있다.

마지막으로, '역량기반 교육'에서는 '역량'의 개념체제 조건에는 없던, '직업세계의 요구'가 추가되었다. 앞서 설명한 바와 같이, '역량기반 교육'은 지식(이론) 중심의 기존 학교체제를 비판하고 직업 세계에서 요구하는 능력을 학교 교과내용에 반영하여 해당 능력을 함양한 인재를 양성해내야 한다는 필요에 의해 등장하게 되었고, 그래서 직업세계에서 먼저 쓰이던 '역량'의 개념을 교육현장에 가져오게 된 것이므로 '직업 세계의 요구'는 '역량기반 교육'의 개념제체를 구성하는데 필요한 조건으로 사용되었다. 즉, '역량기반 교육'을 학교에서 단순히 이론 지식만 배우는 것이 아닌 직업 세계에서 요구하는 기술을 펼치기 위해 필요한 역량을 강화시켜 줄 수 있는 교육체제를 구축하려는 노력이라 볼 수 있다. 더 나아가 개인은 학교 졸업 후 직업세계에서 충분한 기량을 발휘할 수 있고, 궁극적으로 개인의 경제적 이득과 국가의 경제성장까지 기대하는 즉, 학교이후의 직업인으로서의 삶의 연계와 국가부흥까지 고려한 개념이라고 해석할 수 있겠다. 실제 개념 정의에서 '기업 즉, 노동 요구', '직업세계의 요구', '노동시장을 연계' 등과 같이 명확히 '직업세계의 요구'가 개념 조건으로 사용된 것을 확인할 수 있었다.

이상과 같이 '역량기반 교육'의 개념 체제를 구성하기 위해서는 앞서 살펴본 '역량'의 개념 체제 조건 다섯 가지가 - '실제상황'은 '지식기반사회로', '수행능력'과 '성과중시'는 '행동주의 목표'로 '개인의 내적 특질'과 '학습 가능성'은 '핵심역량'으로 - 다른 표현으로 확장 · 변형되었고, 여기에 '직업 세계의 요구'와 '커리큘럼'이 개념 체제의 조건에 추가로 필요하다는 사실이 도출되었다.

표 7-4 '역량'과 '역량기반 교육'의 개념 체제 비교

필수 요소			기 술
'역량'		'역량기반 교육'	
실제상황	⇒	지식기반 사회	'현대 사회에서', '직업 환경의 변화에 대응하는', '급속한 테크놀로지의 발전과 국제시장 및 노동환경의 변화', '현대 사회', '현실세계', '미래 사회'
수행능력 성과중시	⇘ ⇗	행동주의 목표	'가시적인 수행(demonstration of performance)', '성장과정을 확인(assessment of the progress)', '역량을 강화하기 위한', '광범위한 능력이나 가치를 통합한 총체적 수행', '역할과 관련된 수행', '실천능력 획득', '능력을 함양', '해결책을 찾고 실행에 옮겨', '~목적으로', '학생에게서 길러지기를 기대하는 구체적인 교육 성과', '함양', '일깨워 주는 교육', '길러주는 교육', '증진하는 교육', '구체적인 교육성과'
개인의 내적 특질 학습가능성	⇘ ⇗	핵심역량	'목적 달성에 결정적인 영향을 주는 역량', '핵심역량 강화', '요구하는 핵심역량', '역량을 함양', '역량의 전이효과', '역량함양', '핵심 소양과 역량'
-		커리큘럼	'커리큘럼을 짜 놓은 교육의 한 형태', '체계적으로 결정하는 과정', '프로그램의 운영' '핵심역량 강화 프로그램', '교육과정을 설계', '학습경험을 제공', '교육', '교육과정'
-		직업 세계의 요구	'기업 즉, 노동 요구에서', '직업 세계의 요구', '직업 세계에서 요구되는 능력', '노동시장을 연계', '실제적인 역할', '현실 세계의 문제를 해결하기 위해', '실생활 맥락이 중요하게 강조'

위 〈표 7-4〉는 '역량'의 개념 체제 정립을 위한 조건이 '역량기반 교육'의 개념 체제에서 어떻게 반영되었는지와 실제 기술된 내용을 정리한 표이다. 결론적으로, 기존 문헌을 바탕으로 '역량'을 중심으로 한 '역량기반 교육'의 개념 체제를 분석한 결과 '역량기반 교육'의 개념은 "이론적인 지식 전달보다는 실제상황

에서 암묵적인 개인의 내적 특질과 지식의 결합이 강조되며 가시적인 결과물 창출과 성공적인 삶을 영위하기 위해 요구되는 핵심역량 및 직업능력을 중심으로 구성되어 있다는 것"을 알 수 있었다. 그러나 이 정도의 규정만으로 '역량기반 교육'의 개념 체제가 충분히 드러날 수는 없다. '역량기반 교육'에서의 '교육'이 무엇인지, 어떻게 하겠다는 것인지도 분명하지 않다. '교육'의 존립 이래 지식을 배제하는 '교육'은 있을 수 없고, 지식중심 '교육'에 대한 대안으로 등장한 '역량기반 교육'에서의 '교육'이 무엇인지, 어떻게 하겠다는 것인지도 분명하게 제시하지 않은 채, '역량기반 교육'을 실행하겠다는 말은 충분한 설득력을 가질 수 없다. 따라서 지금까지 '역량' 중심의 '역량기반 교육'의 의미에 대해 탐색해 보았다면, 이제부터 '교육' 중심의 '역량기반 교육'의 의미에 대해 그 의미를 해석하고, '역량기반 교육'에 내재된 교육관을 비판적으로 고찰해 보고자 한다.

제8장

역량기반 교육에 내재된 교육관

1. 오도된 교육관의 4가지 유형

우리는 누구나 교육에 대한 모종의 선입견을 지니고 있다(장상호, 2020 : 73). 따라서 아무런 인식의 여과장치 없이 교육을 있는 그대로 파악하는 경로는 없다는 사실부터 받아들여야 한다. 장상호는 인식의 여과장치를 '개념의 망'이라고도 하였다.[19] 즉, 교육에 관한 논의를 하여 개념의 여과를 거쳐야 한다는 것이다. 따라서 '역량기반 교육'의 개념 체제 분석을 기반으로 '역량기반 교육'에 내재된 교육관은 어떠한지를 고찰해 보고자 한다.

하지만 기존의 문헌에서 직접적으로 교육관에 초점을 두고 '역량기반 교육'의 개념 체제를 논의한 경우를 찾기는 어려웠다. 따라서 앞서 살펴본 '역량기반 교육'을 주제로 한 대표적인 문헌들에서 소개한 '역량기반 교육'의 정의 속 개념 체제의 문제점을 분석해보고자 한다. 이때 개념망의 종류와 그 망의 문제점은 무엇인가를 고민한 장상호(2003, 2005, 2009a, 2009b, 2020)의 교육관 네 가지 - 관습적 교육관, 용병학문적 교육관, 결과주의적 교육관, 과학주의적 교육관 - 를 그 틀로 삼아, '역량기반 교육'이 안고 있는 교육적 관점의 문제를 분석하고자 한다.

그 분석틀의 내용은 다음과 같다.

첫째, 관습적 교육관이란, 언제부터라고 단정 짓기 어려울 정도로 오래전부터 교육을 상식과 제도에 근거해서 무의식적으로 받아들이는 태도를 말한다. 흔히 반성적 사고를 거치지 않고 아무 생각 없이 덮어놓고 남의 말을 따라 함께 어울리

---

19) 2015년 8월 한국교육학회 연차학술대회의 "장상호 선생과의 토크콘서트"에서 장상호는 인식의 여과장치를 '개념망'이라고 하였다.
(http : //www.ekera.org/bbs/board.php?bo_table=notice&wr_id=5286&page=15)

는 것을 부화뇌동한다고 하는데, 일상의 사람들에게 교육이 이처럼 너무도 당연한 것처럼 아무런 의식 없이 사용되는 것을 말한다. 이러한 의식 없이 사용되는 관습과 상식은 의문의 여지를 봉쇄하고, 이렇게 생성된 관습적 교육관은 사회화 과정의 하나인 학교 경험을 통해서 강화된다. 관습적 교육관을 포함하는 개념의 사례를 몇 가지 제시하면 다음과 같다.

> 교육현장/초등교육/고등교육/평생교육/교육경력/교육열/교육행정/교육격차/교육평준화/교육개혁/공교육강화/교육비/교육자/피교육자/교육실습/교육환경 … (중략) … 교육평가/교육활동/교육실습/교육여건 …
>
> [「교육학의 재건」 상호 2020]

위 사례들을 의식을 가지고, 점검해보자.

우리가 흔히 아무런 고민 없이 사용하는 '교육현장'이란 과연 어디를 가리키는 것인가? 대부분 처음 떠올리는 곳은 아마도 '학교'일 것이다. 학교 현장이라고 해도 될 것을, 왜 우리는 굳이 '교육현장'이라고 하며, 그렇다면 이때의 '교육'이란 학교와 동일시해도 된다는 것인가?

학교는 많은 사회화과정이 이루어지는 곳이며 온갖 이질적인 삶이 교차하는 지점에 위치해 있다. 따라서 학교에서 행해지는 모든 것을 교육이라고 간주할 수 있을까? 그 모두를 교육이라는 말로 정당화하는 것은 부당하다. 그리고 교육은 학교에서만 이루어지는 것일까? 가정을 비롯한 다양한 생활 주변에서 이루어지기도 한다. 또 다른 예로 '교육자'를 음미해 보자. '교육자'란 누구를 가리키는 것인가? 대부분 교사, 교수 등 학교 현장에 있는 교수자(敎授者)라고 답할 것이다. 그렇다면 교육은 반드시 교수자만 할 수 있는 것일까? 때론 스승이 제자에게 깨우침을 얻을 때도 있다. 혹은 같은 동년배 친구 간에 배움과 가르침으로 서로 간의 깨달음과 성장을 도모하기도 한다.

관습적 교육관의 치명적인 문제는 학교 밖에서 이루어지는 교육을 무시하거나 외면한다는 점이다. 교육은 국가 중심의 학교 체제가 도입되기 이전부터 존재했으며, 지금도 생활 주변에서 생생하게 진행되고 있지만, 그것을 기술하고 설명할 개념과 용어가 없다. 관습적 교육관은 이렇게 교육적인 삶을 영위하는 일반 사람들의 맹목을 조장한다. 이 책의 주제인 '역량기반 교육'은 직업 세계에서 먼저 시작되었지만 현재 학교 현장에서 활발하게 적용되고 있다는 점에서 다수의 문헌에서 '역량기반 교육'에서의 '교육'이 관습적 성격을 띠고 있음을 확인할 수 있다.

둘째, 용병학문적 교육관을 살펴보면, 교육현상이 아닌 모학문의 현상을 연구하면서 거기에 교육이라는 명칭을 사용하는 것을 말한다. 이는 두 가지 형태를 띤다. 하나는 관례적 교육관이 지칭하는 사태를 모학문의 개념을 써서 연구하는 것이고, 다른 하나는 처음부터 모학문의 현상을 교육현상인 것처럼 의미를 변형시키는 것이다. 관련된 사례를 몇 가지 제시하면 다음과 같다.

교육철학/교육심리학/교육사/교육행정/학문으로서의 교육/교육문화/교육재정연구/교육문화인류연구/ … (중략) … 교육사회학자/교육사회학/교육심리학자/인력양성으로서 교육/ …

[「교육학의 재건」장상호, 2020]

여기에서 보면, '교육'은 철학적 관점의 대상이며, 심리적 사실이며, 사회적 사실이며, 행정적 사실이다. 이러한 이질적인 학문들은 교육현상을 은폐시키고 대신 구분되어야 할 여타의 것들을 동질화시키는 오류까지 범하게 할 수도 있다. 즉 온갖 외래적 사실들을 마치 교육현상으로 왜곡시킨다고 말할 수도 있을 것이다.

용병학문들의 모학문적 사실들은 교육이 아니라 교육의 환경으로 구분될 성질의 것이다. 이 부분은 교육을 이해함에 있어서 매우 중요한 부분을 차지한다. 물론 삶의 현장에서 교육은 자체만으로 존재할 수 없다. 여타의 용병학문이 이해하는 세계와의 모종의 경험적 관계를 가질 것이다. 하지만 여기서 서로 관계되어 있다는 것은 같은 것이 아니라 서로 이질적인 것임을 반드시 명심해야 한다. 교육은 그 환경적 여건의 영향을 받으며, 동시에 그 환경에 모종의 영향을 줄 것이다. 그런데 그 환경을 교육현상과 동일시한다면 그 미지의 영역을 연구할 여지를 개념적으로 봉쇄하기 때문이다.

셋째, 결과위주의 교육관이란, 무언가 가치 있는 결과를 목표로 내세우고 그것을 실현하는 과정이 '교육'이라는 논리적 순환의 성격을 띤다. 예를 들면, '교육'을 "바람직한 인간 행동의 변화(정범모, 1967)" 혹은 "가치 있는 활동 또는 사고와 행동 양식으로 사람들을 입문시키는 것(Peters, 1966)"이라고 정의하거나 바람직한 결과를 가지고 오는 도구로 보는 관점이라 할 수 있다. 또한 이러한 관점은 소위 '바람직한', '기대되는', '가치 있는', '윤리적인' 등의 관형사의 수식이 가능한 결과를 모두 '교육'행위의 결과라고 본다. 이러한 결과위주의 관점을 담고 있는 사례를 좀 더 살펴보면 다음과 같다.

창의력교육/인성교육/전인교육/다문화교육/평화교육/반공교육/정치교육/진로교육/학교폭력예방교육/범죄예방 및 신고의무 교육/입시위주의 교육 …

[「교육학의 재건」 장상호 2020]

이 중 몇 가지를 해석해보면, '평화교육'은 '교육을 통해 평화라는 결과를 기대하는 것', '인성교육'은 '사람의 성품이나 됨됨이 등을 교육을 통해 함양시키는 것', '전인교육'은 '인간이 지닌 모든 자질을 조화롭게 발달시키는 것'을 목적으로 하는 '교육' 등으로 해석되는데 결국 교육으로 인해 궁극적인 모종의 결과를 기대한다는 의미를 담고 있다.

하지만 교육의 성과를 단정 지어 말하기에는 다음과 같은 문제점이 있다. 먼저, 특정한 결과 하나를 두고 그 원인을 규정하는 방식은 불가능하다. 왜냐하면 원인이 있은 연후에 결과가 생기는 것인데, 결과를 원인으로 환치한 거꾸로 된 사고방식을 취하고 있기 때문이다.

같은 맥락에서 결과위주의 교육관은 결과를 특정해서 예상하는데 이 역시 문제가 있다. 가령, 특정한 결과에 따라 X를 '교육'이라고 경험적으로 한정시켜 가정해보자. 그 '교육'은 예정된 Y라는 결과만을 초래하는가? 이 세상에는 하나의 결과만을 가져오는 원인은 존재할 수 없다. 이를 장상호(2020)는 '입시위주교육'을 예로 들어 설명하였다. '입시위주교육'에 의해서 많은 젊은이들이 경쟁을 뚫고 일류대학에 진학할 수 있었다고 하자. 그 '교육'은 청소년들의 비정상적인 생활, 경쟁에 따른 스트레스와 좌절, 공교육의 무력화, 사교육비의 과다 지출 등 수많은 부수적인 결과들도 동시에 야기한다. 또한 그 손실은 입시의 능률에 비해 너무도 크다. 이러한 의도하지 않은 결과도 반드시 있기 마련이다. 하지만 이 결과위주의 교육관은 교육의 실체를 파악하는 과제는 회피하면서 교육을 만병통치약인 양 허장성세(虛張聲勢) 기세만 내세우고 있다고 고뇌 깊은 우려를 표했다. 같은 맥락에서 윤병희(2005)는 '교육학' 관련 문헌에서 '교육'으로 인해 기대되는 결과라는 뜻의 '교육목적'이라는 말을 사용하지 않은 연구들을 찾아보기 어려울 정도라고 지적하였다.

요컨대, 결과위주의 교육관에 의거하면 '교육'은 외적 목표를 달성하는 과정이나 절차로 규정된다. '교육'으로 인하여 바람직한 결과가 일어날 것을 기대하며 '교육'이 결과를 위한 수단이나 방법으로서 기능한다는 결과위주의 교육관은 그것에 도달하게 하는 대개의 절차와 과정을 '교육'으로 개념화 한다(김신지, 2020). '역량기반 교육'에서도 마찬가지로 역량을 개발하는 커리큘럼이나 프로그램을 '교육을 통해 역량을 함양하는 것'이라는 결과위주의 교육관을 강하게 드러내고 있다.

넷째, 과학주의적 교육관이란, 과학의 실증논리에 따른 사실적 증거를 첨가하여 보다 교육현상을 객관화시키려 하는 "교육의 과학화"를 말한다. 심리학과 철학을 가지고 설명하면, 심리학은 철학에서 규정하는 인간이 경험적으로 검증된 것이 아니라는 점을 문제시하면서 출발하였다. 이 학문들은 관찰 가능하고 수량화될 수 있는 인간의 행동에 주목하고, 그것이 어떻게 환경에 의해서 결정되는지에 대한 가설을 세우고, 그 가설을 관찰이나 실험을 통해서 입증하면서 그동안 막연하게 규정해 왔던 인간성의 과학적 이해에 일정부분 큰 성과를 거두어 왔다.

1960년대 컬럼비아대학교 심리학자인 월터 미셜(Walter Mischel)에 의해 고안된 마시멜로우 테스트를 대표적인 예라 할 수 있겠다. 마시멜로우 테스트는 어린 아이들에게 눈앞의 마시멜로우를 15분 동안 먹지 않고 참으면 15분이 지난 후 1개의 마시멜로우를 더 주겠다고 제안하여 자제력이 있는 아이들을 선별하고, 해당 아이가 성장하였을 때 미국의 SAT 평가에서 평균 210점을 더 받았다는 내용이다. 즉, 자제력이 있는 아이들이 사회적으로 성공할 확률이 더욱 높음을 입증하는 내용의 실험이다.

하지만 이렇게 과학과 실증주의의 논리를 적용하여 막연한 결과위주의 교육관을 극복한다는 접근 방법은 교육을 개념과 방법의 양면에서 그 범위를 제한한다. 같은 맥락에서 50여 년 전 엄청난 파장을 불러일으켰던 이 마시멜로우 테스트도 이후 비난을 받았다. 그 이유인즉슨, 이 실험은 스탠퍼드대학교 부설 빙 유아원의 미취학아동 소수를 대상으로 하였는데, 이 기관을 다니는 아이들의 부모들은 경제적 수준이 높았던 것으로 나타났고, 제대로 된 표본으로 다시 실험한 결과, 이들의 사회적 성공에 영향을 미친 것은 아이들의 인내심뿐만 아니라 부모의 사회적, 경제적 능력이 크게 영향을 미쳤던 것으로 밝혀졌기 때문이다. 교육적 실천은 과학의 내규에서 벗어나는 잠정적인 것, 애매모호한 것, 예측 불가능한 것, 그리고 무한한 변화 등의 독특한 요소를 지니고 있다. 따라서 오직 원인과 결과에 의한 경험적 증거만을 토대로 교육의 정체성을 규명하려는 것은 잘못된 시도이며, 그 고유한 특성들을 무시하고 방법적으로 단순히 엄밀성과 인과관계만을 개입시키려는 것은 위험한 행동이다.

과학주의적 교육관을 따르는 사람들은 교육을 통해서 얻고자 하는 인간성을 측정의 편의에 따라 조작적인 정의가 가능한 행동으로 세분화하여 미리 설정하고, 그 결과를 얻을 수 있는 학교프로그램을 구안하고, 그 프로그램이 소기의 결과를 가져올 것인지를 확인하고 싶어 한다. 이런 일련의 과정을 각각 '교육목표 설정', '교육과정', 그리고 '교육평가'로 지칭한다. 앞서 '역량기반 교육'의 개념 체제를 해석하였을 때 '교육목표 설정', '교육과정', '교육평가'로 지칭된 텍스트를 쉽게 발견할 수 있었다. 이러한 증거를 토대로 '역량기반 교육'이 과학주의적 교육관을 지향하고 있음을 확인할 수 있다.

2. '역량기반 교육'에 내포된 교육관의 문제점

'역량기반 교육'의 개념 체제의 문제점을 관습적 교육관, 용병학문적 교육관, 결과위주의 교육관, 과학주의적 교육관으로 나누어 분석하여 〈표 8-1〉과 같이 '역량기반 교육' 개념 체제의 교육관의 난맥상 문제점을 도출하였다.

표 8-1 '역량기반 교육' 개념의 교육관 문제점 분석

순번	학 자	개념 정의	교육관
1	Grant et. al. (1979)	역량기반 교육 : 학생들이 현대사회에서 수행하기를 기대하는 실제적 역할에 대한 분석과 그 역할의 가시적인 수행(demonstration of performance)을 바탕으로 한 성장 과정을 확인(assessment of the progress)하도록 커리큘럼을 짜놓은 교육의 한 형태	관습적교육관 결과위주의교육관 과학주의적교육관
2	Harris (1998)	역량기반 교육 : 역량을 강화하기 위한 교육으로 역량모델을 기반으로 한다. 역량모델은 조직의 목적 달성에 결정적인 영향을 주는 역량의 집합체로 조직의 성과를 올리기 위하여 체계적으로 결정하는 과정이다.	관습적교육관 용병학문적교육관 결과위주의교육관
3	대통령자문 교육혁신 위원회 (2007)	핵심역량교육은 직업 환경의 변화에 대응하는 능력을 함양하는 것. 기업 즉, 노동 요구에서 요구하는 핵심역량을 겸비한 인력을 양성하기 위한 직무능력 향상. 교과과정과 다양한 상황에 대처하는 핵심역량 강화 프로그램의 운영을 포함함.	결과위주이교육관 관습적교육관
4	송경오, 박민정 (2007)	역량기반 교육은 학문적 지식중심의 학교 교육을 비판하고 직업 세계에서 요구되는 능력을 학교교육 내용에 반영해야 한다고 본다. 급속한 테크놀로지의 발전과 국제시장 및 노동환경의 변화는 개인에게 예전과는 다른 형태의 지식과 기술 및 태도를 갖출 것을 요구하고	관습적교육관 결과위주의교육관 과학주의적교육관

순번	학 자	개념 정의	교육관
		있음에도 불구하고 학교 교육은 학문 지향성을 고수하면서 직업세계의 요구를 간과하고 있다. 이러한 상황에서 역량 개념은 교육과 노동시장을 연계해주는 인적 자본의 지표를 구축하는 데 유용한 개념적 도구로 활용된다.	
5	소경희 (2009)	학생들이 학교 교육을 통해 단순히 교과지식을 축적하기 보다는 실제로 무언가를 할 수 있는 능력을 갖추기를 더 기대한다. '역량기반 교육'이란 바로 이러한 능력에 초점을 맞춘 교육을 일컫는 것이며, Whitehead (1949 : 16)가 말한 교육의 정의, 즉, "지식을 유용하게 만드는 기술의 획득"을 실천에 옮기려는 노력이다. 역량기반 교육은 현대사회의 예견되거나 실제적인 역할에 대한 분석을 통해 교육과정을 설계하고, 그 역할과 관련된 수행에 근거하여 학생들의 성취 정도를 평가하려는 교육이다.	관습적교육관 결과위주의교육관
6	홍원표, 이근호 (2011)	역량기반 교육과정은 기존 교육체제의 한계를 극복하려는 교육개혁의 성과이자 학교에서 진행되는 엘리트 교육, 아동중심교육의 사조를 거치고 난 후 학교 교육의 내용을 대대적으로 재정비한 것	관습적교육관 용병학문적교육관 결과위주의교육관
7	최상덕 외 (2013)	핵심역량교육이란 과학기술발전과 세계화로 인한 노동시장의 변화가 이끈 교육혁신의 일환이며 미래 사회에서 요구되는 핵심역량을 함양하는 것을 일컬음.	관습적교육관 결과위주의교육관 과학주의적교육관
8	이경호, 안선희 (2014)	역량기반 교육은 다양한 인간행동에서 합리적인 의사결정을 내리고 그 결과를 적극적으로 실천하는 역량을 증진시킬 목적으로 시행되는 것.	결과위주의교육관 과학주의적교육관
9	이광우 외 (2017)	핵심역량은 교육의 방향이면서 교육목표의 성격을 동시에 지닌다고 할 수 있다. 2015 개정 교육과정 개정 당시에도 이러한 입장을 견지한 바 있다. 당시 핵심역량이 가졌던 교육적 함의는 넓게는 교육의 이념과 방향을 뜻하기도 하고, 좁게는 교육의 결과로서 학생에게서 길러지기를 기대하는 구체적인 교육 성과를 의미	관습적교육관 결과위주의교육관 용병학문적교육관 과학주의적교육관

순번	학 자	개념 정의	교육관
		하는 것으로 보았으며, 목표를 인도하기도 하고, 내용의 선정과 조직의 혁신을 이끄는 원리라고 보았다	
10	한혜정 이주연 (2017)	역량기반 교육과정은 지식을 습득한 상태에 머무르는 것보다 지식의 활용할 수 있는 능력과 앎을 기반으로 한 실천 능력의 획득을 강조한다(백남진, 온정덕, 2014 : 23; 최승현 외, 2011 : 4). 곧 역량기반 교육과정에서는 지식을 그대로 적용하는 능력이 아니라 과제 수행 맥락에 대한 반성적 성찰을 통해 그에 적합한 지식과 기능을 가동시키고 활용하여 문제를 해결해가는 능력을 함양시키는 데 관심을 두며(이근호 외, 2013 : 14), 깊이 있는 이해를 바탕으로 현실 세계의 문제를 해결하기 위해 적용시킬 수 있는 전이 능력의 함양을 강조한다(김경자 외, 2015 : 83). 이에 따라 역량을 함양하기 위한 교육에서는 역량의 전이효과를 높일 수 있도록 지식을 적용하고 활용하기 위한 실생활 맥락(context)이 중요하게 강조된다. 따라서 역량기반 교육과정에서는 일상생활에서의 전이력이 높은 역량을 함양하기 위해 학습자가 실생활 속에서 직면할 수 있는 문제에 대한 해결책을 찾고 그러한 해결책을 실행에 옮겨보는 등의 학습경험을 제공하는 데 관심을 둔다(최승현 외, 2011; 55).	관습적교육관 결과위주의교육관 과학주의적교육관
11	한국교육과정평가원 (2016)	2015 개정 교육과정은 학습경험의 질을 중시하고 있는데, 학습의 양과 결과보다 학습의 질과 과정을 중시하는 교육, 학습의 즐거움을 일깨워 주는 교육, 미래사회가 요구하는 핵심 소양과 역량을 실질적으로 길러주는 교육, 자기 성장이나 발전의 경험에 기초한 행복감을 증진하는 교육 등으로 요약할 수 있다. 이를 위해 앞에서 제시한 것과 같이 자주성, 창의성, 문화적 감수성, 배려와 나눔 등에 기초한 공동체 의식 등과 같은 가치들을 특별히 강조하게 된 것이다.	관습적교육관 용병학문적교육관 결과위주의교육관

순번	학 자	개념 정의	교육관
12	한국교육개발원 (2019)	역량중심 교육과정은 미래사회에 요구되는 역량함양을 목적으로 하는 교육이다.	관습적교육관 결과위주의교육관

'역량기반 교육'에서도 어김없이 관습적 교육관과 결과위주의 교육관이 거의 모든 학자들의 정의에서 발견되었다. '교육'을 프로그램 혹은 교육과정과 동일시하여 '커리큘럼을 짜놓은 교육의 한 형태', '체계적으로 결정하는 과정', '프로그램의 운영을 포함', '교육과정을 설계함' 등으로 기술하였다. 소경희(2009)는 '학생들이 가진 교육을 만족하는 것'이라고 '역량기반 교육'의 개념을 소개하였는데, 여기에서 '교육'은 어떠한 의미를 내포한다기보다는 학생들의 학교 여건을 상식과 제도 차원에서 '교육'이라고 습관적 표현을 한 것으로 보인다. 또한, 최상덕 외(2013)도 '교육혁신'이란 표현을 하였는데, 여기에서의 '교육'은 전통적 교수방법에서 벗어나 다양한 교수방법을 적용하려는 시도를 뜻하므로 수업방법 혹은 교수 방법을 관습적으로 '교육'이라고 표현한 것으로 보인다. 이러한 의식 없이 사용되는 관습과 상식은 '교육'에 대한 의문의 여지를 봉쇄하고, 반성적 사고를 저해할 수 있다.

'역량기반 교육'이라는 용어 사용 자체가 역량함양이라는 결과를 목표로 내세우고 그것을 실현하는 과정이 '교육'이라는 논리적 순환론 즉, '교육'을 통해 일거에 이를 해결할 수 있다는 만병통치의 결과위주의 교육관을 보여주는 것이라 할 수 있다. 그 결과 모든 학자들의 정의에서 모종의 결과를 가지고 오는 것이 교육이라는 결과위주의 교육관의 태도를 발견할 수 있었다. 이는 '실제적 역할에 대한 분석과 그 역할의 가시적인 수행', '수행하기를 기대', '조직의 목적 달성', '능력을 함양하는 것', '핵심역량을 함양하는 것', '사회에서 요구하는 실제적 역할', '교육개혁의 성과', '역량을 증진시킬 목적으로 시행되는 것' 등으로 기술되었다. 송경오, 박민정(2007)의 개념 정의에서 '학교 교육은 학문 지향성을 고수하면서 직업 세계의 요구를 간과하고 있다.'라는 말은 학교에서는 직업 세계의 요구를 받아들여 그에 맞는 무언가를 해내야 하고, 해낼 수 있다고 보는 결과위주의 교육관이 담겨있는 것을 확인하였다.

용병학문적 교육관도 드물게 발견할 수 있었는데, '역량기반 교육'을 '역량을 강화하기 위한 교육', '역량모델을 기반으로 하는 교육', '아동중심 교육'이라고 정의한 개념 체제는 마치 역량모델을 반영한 프로그램을 '교육'이라고 보고, 아동중심의 프로그램을 '교육'이라고 보는 관례적 교육관이 지칭하는 사태를 모학문의 현상을 교육현상인 것처럼 의미를 확대해석한 용병학문적 교육관이라 보았다.[20]

또한 '역량기반 교육'을 과학과 실증주의의 논리를 적용하여 막연한 결과주의적 교육관을 극복하는 대안으로 여기고 있음을 발견하였다. 행동이 관찰 가능하고, 수량화될 수 있다는 전제하에 '성장과정을 확인', '교육과 노동시장을 연계해 주는 인적자본의 지표', '과학기술 발전과 세계화로 인한 노동시장의 변화가 이끈 교육혁신의 일환', '합리적인 의사결정을 내림' 등의 내용 기술을 볼 수 있었다.

이상과 같이 살펴본 '역량기반 교육'의 정의 분석에서 교육관의 난맥상을 지적한 네 가지 교육관을 틀로 '역량기반 교육' 개념 정의에서의 기술내용을 정리하면 〈표 8-2〉와 같다.

표 8-2 '역량기반 교육' 개념 체제의 네 가지 교육관 기술 내용

교육관	기 술
관습적 교육관	'커리큘럼을 짜놓은 교육의 한 형태', '체계적으로 결정하는 과정', '프로그램의 운영을 포함함', '학교 교육내용에 반영해야 한다.', '교육과정을 설계함', '학생들이 가진 교육을 만족하는 것', '학교에서 진행되는 엘리트 교육', '교육혁신', '역량기반 교육과정', '교육목표', '교육성과', '교육과정', '~하는 교육이다'
용병학문적 교육관	'역량을 강화하기 위한 교육', '역량모델을 기반으로 한다.', '아동중심교육의 사조', '교육의 이념과 방향', '자주성, 창의성, 문화적 감수성, 배려와 나눔 등

20) 역량을 키우기 위해 접해보는 갖가지 활동들을 교육현상과 동일시하는 오류로써 용병학문적 성격을 띠고 있음을 발견하였다.

교육관	기 술
	에 기초한 공동체 의식 등과 같은 가치들을 특별히 강조'
결과위주의 교육관	'실제적 역할에 대한 분석과 그 역할의 가시적인 수행', '수행하기를 기대', '조직의 목적 달성', '능력을 함양하는 것', '핵심역량을 함양하는 것', '학교교육은 학문지향성을 고수하면서 직업세계의 요구를 간과하고 있다.', '사회에서 요구하는 실제적 역할', '교육개혁의 성과', '역량을 증진시킬 목적으로 시행되는 것', '조직의 성과', '지식을 활용할 수 있는 능력', '실천 능력의 획득', '교육의 결과로서 학생들에게서 길러지기를 기대하는 구체적인 교육성과', '미래사회가 요구하는 핵심 소양과 역량을 실질적으로 길러주는 교육', '자기성정이나 발전의 경험에 기초한 행복감을 증진하는 교육'. '미래사회에 교육되는 역량함양을 목적으로'
과학주의적 교육관	'성장 과정을 확인', '교육과 노동시장을 연계해주는 인적자본의 지표', '과학기술 발전과 세계화로 인한 노동시장의 변화가 이끈 교육혁신의 일환', '합리적인 의사결정을 내림', '역량의 전이효과', '내용의 선정과 조직의 혁신을 이끄는 원리'

기존 문헌 속 '역량기반 교육'의 개념 체제를 종합적으로 분석한 결과, '역량기반 교육'은 학생의 성장과 전인적인 발달이라는 교육의 본질적인 역할은 다소 외면한 채, 지식에 대한 단순한 이해보다는 지식을 적용하여 실용주의적 효율성과 가시적인 성과를 내고, 역할 행동과 책임을 강조하였다는 것을 알 수 있다. 또한 '역량기반 교육'의 개념 체제를 구성하기 위해 '지식기반사회', '행동주의 목표', '핵심역량', '커리큘럼', '직업 세계의 요구'라는 조건을 사용하였다. 이러한 네 가지 조건을 반영하여 정립한 개념 체제는 교육관의 난맥상 문제점을 가지고 있었는데, 먼저, 상식과 제도에 근거해 무의식적으로 '교육'을 가져다 붙인 관습적 교육관과 무언가 가치 있는 결과를 목표로 내세우고 그것을 실현하는 과정이 교육이라고 보는 결과 위주의 교육관이 모든 개념 정의에서 나타났다.

그다음으로 과학의 실증논리에 따라 '역량기반 교육'의 성과를 객관적으로 제시할 수 있다는 과학주의적 교육관을 곳곳에서 발견할 수 있었으며[21], '역량기반

21) 하지만 이러한 개념 정의와 달리 아직까지 '역량기반 교육'에서 '역량'이 얼마나 향상되었는

교육'을 설명하기 위해 사회·심리학, 역량이론 혹은 역량 모델링을 모학문으로 두고 이를 이해하는 과정을 교육이라고 본 용병학문적 교육관도 발견할 수 있었다.

이상과 같이 '역량기반 교육'을 주제로 논의한 기존 연구들에서 '역량'과 '역량기반 교육'에 대한 장상호의 네 가지 난맥상의 교육관을 기저로 '역량기반 교육'의 개념적 문제점을 고찰해 보았다.

지 과학적인 방법으로 검증할 수 있는 방법과 연구는 찾아보기 어려운 실정이다.

제9장

역량기반 교육 실천사례를 통한 개념 고찰

'역량기반 교육'의 개념적 내실화를 위한 탐구의 과정으로 개념 체제 분석과 교육관 고찰 정도의 노력만으로 과연 '역량기반 교육'의 개념분석을 충분히 하였다고 말할 수 있는가? 수정과 보완이 필요한 또 다른 내용을 간과하지는 않았는가? 라는 물음을 던져본다. 이 물음에 대한 고민으로 개념 체제를 해체하여 그 구조를 파악하는 일도 중요하지만, 그것들이 통합하여 실제 세계 속에서 어떻게 구현되는지를 점검해봄으로써 개념적 측면에서의 한계점을 인식하고, 개선해야 할 부분을 확인해 보고자 한다.

더불어 이 과정을 통해 본 장에서 도출한 역량 중심의 '역량기반 교육'의 개념 체제가 문서상의 인과적 논리를 넘어 실제 세계에서 의미적 적합성을 보이는지를 확인하고, 상황적 맥락을 이해할 수 있는 기회가 될 것이라고 생각한다.22)

1. 비판의 주요 논점

본 절에서는 앞서 도출한 '역량기반 교육'의 개념 체제와 교육관이 실제 사례에서 어떠한 양상을 보이는지를 교육과정 상의 '목적', '내용', '방법', '평가'라는 4가지 논점으로 나누어 체계적으로 고찰해 보고자 한다. 그 내용은 다음과 같다.

첫째, 교육과정에서 목적이란, 해당 교과가 추구해야 할 목표의 설정, 가르쳐야

22) 베버(Weber)는 적합성을 '인과적 적합성'과 '의미적 적합성'으로 구분했다. 수학 문제의 해답이나 행위의 합리적 과정은 '의미적'으로 적합하다. 즉 실제 세계에서의 모습이 어떠한지를 고려하지 않는 의미체계의 측면에서 그것은 옳다. 그러나 설명에 대한 인과적 적합성은 의미적 적합성이 실재에서 실질적으로 발생하는 가능성에 의존하고 있다. 따라서 앞서 도출한 지금의 역량 중심에 기반을 둔 '역량기반 교육'의 개념 체제와 장상호의 4가지 교육관을 기틀로 고찰한 교육관이 실제 사례에서 어떻게 의미하는지를 살펴보고자 한다.

할 내용과 교수-학습의 전략, 평가를 수립하는데 핵심적이고, 일관된 지향과 신념을 포괄하는 모종의 교육적 관점을 의미한다(권오정 외, 2003; 김왕근, 2004; 차경수 외, 2008). 이러한 의미와 더불어 '역량기반'이라는 말을 학교 현장에 있는 많은 사람들이 사용하는데, 이들이 과연 '역량기반 교육'을 무엇이라고 정의하고 있는지, 왜, '역량기반 교육'을 하려고 하는지, 그 목적을 어떻게 인식하고 있는지 등에 대해 파악한다. 즉, '역량기반 교육'에서 해당 교과 혹은 수업이 지향하는 신념과 실현・달성코자 하는 목표와 목적, 이에 따라 요구되는 교수-학습의 전략과 조건을 아울러 교과 운영 전반의 가치・신념을 포괄하는 체제・관점으로써 어떤 것을 강조하는지 파악하고자 한다.

둘째, 타일러(Tyler)는 교육과정 모델 설정 단계를 교육목표의 설정, 학습경험의 선정, 학습경험의 조직, 평가의 순으로 순환과정을 구성하였는데, 이 중 학습경험의 선정과 학습경험의 조직이 설계되는 단계가 내용에 해당하는 단계라 할 수 있다. 또한 OECD(2016)는 교육과정을 4가지 범주[23]로 나누었는데, 이중 학생들이 무엇을 배우고, 어떠한 사람이 되고, 어떠한 행동을 하게 될지와 관련 있는 의도된 교육과정(intended curriculum)과 관련이 깊다 할 수 있다. 일반적으로 교과의 본질적인 문제에 해당하는 핵심 개념과 그 개념의 관계망, 그리고 이론적인 틀, 탐구의 기능과 방법들, 진리를 검증하는 방식, 상징체계, 용어, 모델 등 교과에 해당하는 이러한 모든 것들을 교과 지식이라고 말하는데(Pring, 1978), 이 교과 지식이 내용에 의해서 어떻게 선정되고 구성되는지 결정하는 것이라 볼 수 있다. 이에 따라 '역량기반 교육'에서 어떤 내용을 강조하여 제시하는지 교과의 목적에 부합하여 교과에서 제시하고자 하는 각 영역의 전반적인 내용 체계를 구성하고, 여기에 일상생활 즉, 학습자가 생활을 통해 경험했던 것들과의 연계성 및 통합성 등을 고려하여 해당 교과에서 가르쳐야 할 내용을 설정할 때 필요한 전반적인 내용구성 관점을 살펴보고자 한다.

셋째, 교육과정에서 방법이란, 교수-학습의 전략과 밀접한 관련이 있다. 전통

---

23) '의도된 교육과정(intended curriculum)', '실행된 교육과정(implemented curriculum)', '획득된 교육과정(attained curriculum)', '평가된 교육과정(evaluated curriculum)'이다.

적으로 학교의 교육은 내용의 획득에 관심을 두고 있었다(Sfard, 1998). 따라서 학생들은 교사에게 많은 지식과 기술(Skills)을 얻기 위해, 교사는 학생들에게 효과적으로 그것들을 전달하기 위해 노력해 왔다. 많은 학자들은 교사와 학생 간의 이러한 상호작용을 설명하는 학습개념과 다양한 모델들을 제시하였는데, 이것을 통틀어 교수-학습 과정이라 할 수 있다. 이 교수-학습 과정은 기본적으로 교사와 학생 간, 그리고 학생과 학생 간의 상호작용을 통하여 정보를 공유하는 과정이다(강이철 외, 2005). 그리고 이러한 과정 속에서 이루고자 하는 학습 목표와 목적을 위하여 취하는 수단이나 방식을 교과 혹은 수업 방법이라고 할 수 있다. OECD(2016)의 교육과정 4가지 범주 중 학생들을 위해 또는 학생들과 함께 교사가 교육과정 내용 및 성취기준을 해석하고 교과서나 다른 교육과정 관련 교육자원을 활용하여 교육 경험을 조성하는 실행된 교육과정(implemented curriculum)과 관련이 깊다 할 수 있다. 이 책에서는 '역량기반 교육'의 방법이 무엇인지, 즉 '역량기반 교육'이 목표하는 것을 달성하기 위해 구체적으로 어떠한 개념을 기반으로 하여 어떤 실천방안을 마련하고, 교과 혹은 수업에 어떻게 적용하는지에 대해 전반적으로 검토하기로 한다.

넷째, 평가는 교육을 바라보는 가치 즉, 관점에 따라 달라질 수밖에 없다(정은정, 2005). 학교 현장에서 '역량기반 교육'을 실천할 때 방향의 길잡이로 삼은 목적과 항해를 위한 수단인 내용과 방법을 통해 기대한 바대로 학생들이 변화되었는지 그리고 그 변화된 무언가[24]를 어떻게 측정하고, 평가하고 있는지, 그리고 그 평가 방법은 신뢰할 수 있고, 타당한 방법을 적용하였는지 또 어떠한 개념을 바탕으로 무엇을 평가하고자 하는 것인지 등 '역량기반 교육'의 전반적인 평가 측면을 포괄적으로 살펴보기로 한다.

24) '역량기반 교육(과정)'의 궁극적 목표인 '핵심역량의 함양'이 될 것이다.

2. 논점별 세부 고찰

가. 실천사례를 통한 '역량기반 교육'의 '목적'

실제 학교 현장에서 이루어지는 '역량기반 교육'의 목적은 크게 전체적인 시행 목적과 개별 교과목 혹은 프로그램별 활동 목적 두 가지로 나눌 수 있다. 아래 「2015 개정 교육과정 총론」에서도 역량기반 교육과정 구성의 방향을 추구하는 인간상과 교육과정 구성의 중점 및 교과목별 교육목표로 나누어 제시하고 있는 것을 확인할 수 있다.

> 미래 사회가 요구하는 창의·융합형 인재가 갖추어야 할 핵심역량을 제시하였다. 핵심역량은 추구하는 인간상을 구현하기 위해 교과 교육을 포함한 학교 교육 전 과정을 통해 중점적으로 기르고자 하는 역량으로써 2015 개정 교육과정에서는 자기관리역량, 지식정보처리 역량, 창의적 사고역량, 심미적 감성 역량, 의사소통역량, 공동체 역량을 핵심역량으로 제시하였다. 이를 통해 추구하는 인간상, 핵심역량, 학교 급별 목표 간의 연계를 강화하여 학교 교육의 방향을 보다 명료하게 나타내고자 하였다.
> 또한, 핵심역량함양이 가능하도록 교과 교육과정을 개발하고 교수·학습 및 평가 방법의 실질적 개선이 이루어질 수 있도록 하였다. 즉, 단순한 지식 습득에서 벗어나 실제적인 역량의 함양이 가능하도록 교과 교육과정을 핵심 개념 중심으로 구조화하고 협력 학습, 토의·토론학습 등의 학생참여 중심 수업과 과정 중심 평가를 확대하는 등의 구체적인 수업 개선 방향을 제시하였다.
>
> (교육부, 2015 개정 교육과정 총론 해설 : 29 -초등학교- Ⅰ. 교육과정의 이해)

다음의 내용은 창원시 ○○초등학교의 '역량기반 교육(과정)' 설계과정을 소개한 자료이다. 이 학교를 비롯한 대부분의 학교들은 학교가 추구하는 비전과 교육목표를 '역량기반 교육'의 방향 설정 기준으로 삼고, 각 교과별 혹은 주제와 관련된 세부 역량을 정하고, 이 교과 역량을 함양하는 것을 목적으로 삼고, 수업 내용을 선정하고 교수학습 계획과 평가계획을 수립한 후 계획에 따라 실천하고, 수정과 보완을 거듭하는 과정을 거치는 것으로 나타났다.

> 2월과 8월의 교육과정 구성주간에 우리 학교 교육과정에서 추구하는 비전과 어린이 상, 교과별 성취기준, 우리 학교 아이들의 특성, 학교 교육과정 학년별 로드맵 자료를 바탕으로 동 학년 선생님들과 협의를 통해 학기별 주요 프로젝트 계획을 설정한다. 이때 주제와 관련된 교과역량함양을 통해 최종적으로 지향하는 핵심역량은 무엇인지 설정한다. 이를 바탕으로 교수학습 계획 및 평가계획을 수립한다. 또한, 매주 수요일마다 학년별 전문적 학습공동체 시간에 프로젝트 계획에 따라 실천하면서 어려운 점, 우리 아이들의 수준과 필요로 하는 역량함양을 위해 어떤 수업 설계를 해 나가야 할지를 끊임없이 수정·보완해 간다.
>
> (출처 : 경상남도교육청교육연구정보원; 2020)

〈표 9-1〉은 '역량기반 교육' 연구학교들의 '역량기반 교육'의 운영 내용과 목적을 조사한 표이다. 각 학교들의 교육철학과 비전은 '역량기반 교육' 운영 목적과 내용을 정하는 데 절대적인 영향을 미치는 것으로 나타났다. 이는 결국, 학교의 교육철학을 바탕으로 학생들에게 모정의 역량을 함양시켜 목표하는 인간상을 만들 수 있고, 그러한 결과를 기대한다는 의미로 해석할 수 있겠다.

표 9-1 '역량기반 교육' 연구학교의 교육목적 및 내용

구분	교육철학 및 비전	'역량기반 교육'의 운영 목적 및 내용	비고
A중학교	'세움·나눔' 교육을 지향	남을 배려하고 협력할 뿐 아니라 자기 주체성과 책임감을 가져야 하며, 이러한 어린이 상을 만들겠다는 목적을 띠고 있다.	공립 자율학교
B중학교	배움 중심 수업 갈등해결·소통	학생이 스스로 새로운 가치를 발견하고 다른 학생과 협력하는 능력을 개발하는 데 초점을 둔 수업 방법이자 철학이다.	공립 혁신학교

구분	교육철학 및 비전	'역량기반 교육'의 운영 목적 및 내용	비고
C중학교	더불어 행복한 배움의 공동체	더불어 성장하고 행복을 나누는 사람 육성, 학생들의 행복한 삶을 위한 창의적 교육과정 실현을 목적으로 한다.	공립 혁신학교
D고등학교[25)	지역사회와 함께 성장하는 미래형 학교	학교교육 계획에는 '핵심역량 중심 학교 교육활동 운영계획'이라는 용어를 사용하며, 자기관리역량, 창의적사고역량, 공동체역량을 핵심역량으로 선정하고 이를 신장하는 교과 및 비교과 활동을 제시하고 있다.	자율형 공립 고등학교
E고등학교	바른 인성과 창의성을 갖춘 글로벌 미래 인재 육성	바르게 생각하고 행동하는 사람, 스스로 도전하는 창의적인 사람, 선택과 집중으로 미래를 여는 사람, 그리고 더불어 행복을 만들어 가는 사람을 만드는 것을 목적으로 한다.	자율형 공립 고등학교

출처 : 한국교육개발원(2019) OECD 교육 2030 참여 연구의 내용 재구성

이러한 학교들의 교육철학과 비전은 학교의 상황이나 학생들의 특성을 고려하여 학교 마다의 핵심역량을 별도로 설정하였다. 〈표 9 - 2〉와 같이 보통 4~6개 정도의 핵심역량을 설정하였고, 그 과정과 방법은 학교 구성원들을 대상으로 설문조사를 통해 의견을 수렴하여 결정하고, 개념이 모호하거나 교수학습으로 구현하기 어려운 역량의 경우, 교사들 간의 협의를 통해 수정을 반복하여 해당 학교의 교육목표에 적합한 학교 역량을 설정하였다.

25) 해당 고등학교는 한국교육개발원(KEDI)의 정책연구학교로 지정되어 운영되고 있다.

표 9-2 '역량기반 교육' 연구학교의 핵심역량

2015개정 교육과정	A초등 학교	B초등 학교	C초등 학교	D중학교	E중학교	F중학교
자기관리 역량	자기관리 능력	자기관리 능력	자기관리 능력	자기관리 능력	자기관리 능력	자기관리 능력
지식정보 처리역량	문제 해결력	문제해결 능력	문제해결 능력	문제해결 능력	-	문제해결 능력
창의적 사고역량	창의력	창의력	창의력	-	-	창의적 사고력
의사소통 역량	소통 능력	의사소통 능력	의사소통 능력	-	의사소통 능력	의사소통 능력
공동체 역량	시민의식	대인관계능력	대인관계 능력	대인관리 능력 시민의식	대인관계 능력 시민의식	대인관계 능력
심미적 감성역량	-	-	-	-	-	-
	-	진로개발 능력	-	-	-	진로개발 능력

(출처 : 이주연, 2017 p.13)

이상과 같이 학교 현장에서 실제 운영되는 '역량기반 교육'의 사례를 통해 목적을 살펴보았다. 역량기반 교육과정을 설계할 때, 첫 단계라 할 수 있는 목적에 대한 논의는 사실 사례에 명확히 드러나지는 않았다. 그저 교과별 교육과정 설계 문서 혹은 프로그램의 학습목표 등에 기술된 내용을 토대로 유추할 수 있었는데, 이는 아마도 교육정책의 특성상 운영 목적이 탑다운 방식으로 학교 현장에 도입·적용되기 때문에 운영 목적은 이미 정해져 있다고 생각하고 교사들은 이에 대한 고민을 할 이유가 적었던 것으로 해석한다. 즉, '역량기반 교육'이 6가지 핵심역량을 함양한 인간상 구현이라는 목표가 이미 명확히 정해져 있기 때문에 교사들은 자신의 영역에서 결정할 수 있는 부분이 아니라고 여겼을 것이고, 다만 교사가 담당하는 개별 교과 혹은 단원, 혹은 새롭게 구상하는 프로그램에서 활동 목표를 고민하였을 것이다.

앞서 실제 대부분의 학교들은 학교의 교육목표, 비전 또는 이념을 2015 개정 교육과정에서 제시한 핵심역량과 관련지어 해당 학교의 '역량기반 교육'이 추구해야 할 가치와 신념으로 설정하였고, 교과별 주제와 관련된 교과역량함양을 담당 교사 차원에서 재설정하여 최종적으로 지향하는 핵심역량을 목적으로 제시하고 있는 것을 확인할 수 있었다.

나. 실천사례를 통한 '역량기반 교육'의 '내용'

2015 개정 교육과정 총론은 국가 수준에서 추구하는 인간상과 함께 학생들이 함양해야 할 필요가 있다고 여겨지는 '핵심역량'을 제시하였다. 이 핵심역량은 범교과적[26)]교과(군)와 창의적 체험활동이라는 두 영역을 통해 구체화 되도록 하였다. 여기에서 교과(군)는 국어, 사회, 수학, 과학, 체육, 예술, 영어, 선택교과 등을 말하고, 창의적 체험활동은 자율 활동, 동아리 활동, 봉사 활동, 진로 활동 등을 말한다.

---

26) 모든 교과에 다 관계된다는 뜻이다.

그림 9-1 2015 개정 교육과정 체계도

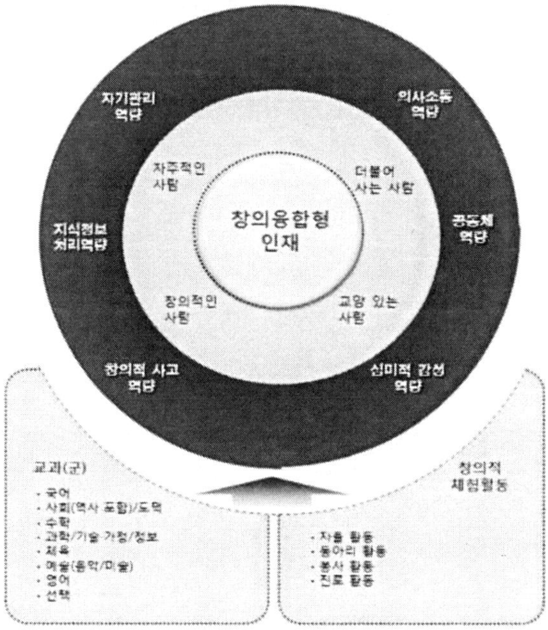

(출처 : 이미경 외, 2016)

① 교과(군)와 관련된 내용

교과역량은 '교과 학습의 결과로 지식, 기능, 태도 등을 통합적으로 운용하여 문제를 해결할 수 있는 능력'이라고 규정한다(교육부, 2015a). 2015 개정 교과 교육과정은 모든 교과에서 성격, 목표, 내용 체계 및 성취기준, 교수-학습 및 평가 방법의 항목으로 구성되어 있는데, 이 중 내용 체계 항목에서는 교과역량의 성취를 위한 교육내용을 선별하고 정렬하여 제시하고, 교과역량을 함양하기 위해 다루는 교육내용을 핵심개념, 일반화된 지식, 기능 등의 하위요소로 내용 체계를 나누고 있다. 수학과의 교육과정 내용 체계를 통해 이를 좀 더 자세히 살펴보면 〈표 9-3〉과 같다.

수학과의 교과 역량은 문제해결, 추론, 창의·융합, 의사소통, 정보 처리, 태도 및 실천의 6가지이다. 〈표 9-3〉을 보면, 교과 내용 체계는 핵심 개념과 일반화된 지식 그리고 내용 요소의 형태로 진술되고, 이를 통해 달성해야 하는 성취기준 즉, 역량은 기능의 형태로 진술된다.

표 9-3 2015 개정 수학과 교육과정 내용 체계

영역	핵심 개념	일반화된 지식	중학교 1~3학년(군)별 내용 요소			기능
수와 연산	수의 체계	수는 방정식의 해의 존재를 보장하기 위해 정수, 유리수, 실수 등으로 확장된다.	- 소인수 분해 - 정수와 유리수	- 유리수와 순환소수	- 제곱근과 실수	이해하기 계산하기 판단하기
	수의 연산	각각의 수 체계에서 사칙계산이 정의되고 연산의 성질이 일관되게 성립한다.				

[출처 : 교육부(2015C)]

따라서 아래와 같이 학년(군)별 내용 요소와 기능의 결합으로 성취기준이 진술된다.

그림 9-2 성취기준 구성원

[2수01-01]	0과 100까지의 수 개념을		이해하고	수를		새고, 읽고, 쓸 수 있다.
	내용 요소	+	기능	내용요소	+	기능

[출처 : 교육부, 2014]

하지만 〈표 9-3〉과 같이 각 교과(군)의 교육과정 내용 체계-영역, 핵심 개념, 일반화된 지식, 내용 요소, 기능-를 살펴보면 거의 모든 교과의 내용 체계가 〈표 9-3〉과 같이 구성되었다. 이 책에서 분석한 '역량기반 교육'의 개념 체제와 연관 지어 보았을 때, 개념 체제 조건 중 하나는 실제상황에 적용할 수 있도록 내용을 구체화하는 것이다. 그러나 교과(군)의 내용 체계 제시는 '역량기반 교육'에서 강조하는 "학생들이 현대사회에서 수행하기를 기대하는 실제적 역할에 대한 분석과 그 역할의 가시적인 수행을 바탕으로 한 성장 과정을 확인하도록 커리큘럼을 짜놓은 교육의 한 형태(Grant et. al, 1979)"라고 보기엔 여전히 부족하다. 일반화된 지식을 확장 시키고, 내용 요소와 기능(역량)함양을 통해 학생들이 실제 생활에서 어떻게 그것을 활용할 수 있게끔 하겠다는 것인지 내용 체계가 다소 불분명하다는 것이다.

사실 역량기반 교육과정이라고 불리는 2015 개정 수학과 교육과정의 내용 체계는 이전 수학과 교육과정의 성취기준과도 크게 다르지 않다. 이는 본 책에서 살펴본 모든 교과(사회, 국어, 수학, 과학)가 그러하였다. 이러한 점에 비추어보았을 때, 2015 개정 교과별 교육과정 내용 제시는 목표로 하는 역량을 어떻게 함양시키겠다는 것인지 명확하게 드러내지 못했다고 판단되며 그 내용도 기존의 내용과 다를 바 없었다. 어쩌면 교육과정 내용 체계라는 형식적인 틀에 갇혀 역량을 이 틀 속에 담아내려다 보니, 오히려 내용을 구체적으로 설계하고 제시하는데 장애 요인이 된 것은 아닐까 하는 생각도 든다.

② 창의적 체험활동 내용

'역량기반 교육'을 운영하고 있거나 운영해 본 경험이 있는 학교를 대상으로 사례를 조사한 자료를 보면, 대개 학교들은 〈표 9-4〉와 같이 정규 교과에서 교과역량을 함양시키려 하기보다는 학교의 자체 핵심역량을 함양시키기 위해 교과 외 프로그램들을 기획하였다.

표 9-4 '역량기반 교육'의 내용

구분	핵심 역량	프로그램명	내용	비고
A 중학교	사고와 통찰력	챌린지 프로그램	벽화 그리기, 지리산 등반	수행평가
	문제 해결과 협력 · 의사 소통 능력	힘나세 프로그램	'우리끼리 산다.' 프로젝트로 어청도를 가서 4박 5일 동안 지내는 프로젝트	
		에코 프로젝트	환경보호(교내 분리수거 잘하기, 잔 반 남기지 않기 등)	
		자서전 book 만들기	주변 지역 어르신들을 인터뷰하여 그 이야기를 책으로 만듦. 국어교사의 도움을 받아 보완하고 실제 출판사에 가서 책을 완성함. 그러한 과정 속에서 어르신을 이해하고, 봉사를 함.	
		모둠 활동	모든 교과 수업에서 적용. 교과 간 연계학습 진행, 생활과의 연계도 같이 고려	모둠평가
	책임감	학생 자치회	학생 생활과 관련된 주요 쟁점(교복, 화장, 염색, 핸드폰 사용 등) 에 대한 의견을 수렴하고 결정하면서 자기규제, 자기주도, 책임감을 갖도록 함.	모둠평가
B 중학교	학생의 자발성	공간 프로젝트	수업으로 본 프로그램을 가져와 학생 스스로 학교 공간에 대해 개선해야 할 부분에 대해 고민하고 의견을 제시하도록 함.	공간혁신 시범학교
		13개의 동아리	자유학년제와 연계한 학생 동아리 활동을 통해서 학생 준심선택 강조(동아리장 선출, 홍보, 활동 모두 학생 중심)	
창원 ○○ 초등 학교	의사 소통 역량	주제중심 프로젝트	'온작품읽기'는 도서를 선정하여 책의 내용을 유추해보고, 지은이의 생애에 대해 알아보고, 2주 동안 읽어 와, 질문과 답을 주고받고, 인물, 사건, 배경을 파악. 모둠별로 인물 관계도를 만들어보고, 인물의 성격에 맞도록 모습도 그려봄. 희곡을 써, 교사의 수정 · 보완 작업	전 학년이 수준에 맞춰 진행. 국어과 연계수업, 장기프로젝트(1 · 2학기) 운영

구분	핵심 역량	프로그램명	내용	비고
	공동체 역량 창의적 사고 역량 지식 정보 처리 역량 심미적 감성 역량		후, 연극 대본으로 완성하여 연극공연도 함.	
		공간재구조화 프로젝트	학생 스스로 공간이 주는 아름다움의 의미와 학교 내 변화시키고 싶은 곳을 찾고, 변화에 대한 구상도 그리기 및 발표하기, 공간변화의 사례 알아보기, 공간 계획 발표하기, 학생 스스로 우수 모둠 설계도 검토 및 선정, 공간 구성 및 사용 규칙 제정 등 학생중심의 수업 설계 및 시행. 예)본관과 후관의 연결통로에 독서쉼터 만들기. 기타) 부산 건축제 체험신청.	실과, 미술에서 시수확보 실과(5.생활과 혁신) 미술(2－3.환경과 함께하는 건축)
		행복 품앗이 운동회	운동회에 사용할 현수막을 우리 힘으로 만들어보기(예 : 1반은 “멋”, 2반은 “진”, 3반은 “5”, 4반은 “학”, 5반은 “년”을 맡아서 멋있게 글자를 완성). 제목처럼 멋진 5학년이 되기 위해 우리들에게 필요한 것들을 생각해보고 그림이나 글로 각 반이 맡은 글자 안을 채우기. 밧줄 잡고 팽팽, 해님 타기, 밧줄 고기잡이	기존 운동회 행사에 접목
		꼬마 농부의 텃밭일기	텃밭 노작 활동을 통해 심신의 건강을 돌보고, 자연을 대하는 우리의 태도에 대해서 살펴보고, 텃밭에서 난 작물들을 심고, 기르고, 수확하고, 수확한 농산물을 활용해 간식을 만들어 먹기.	관련교과 : 국어, 도덕, 미술, 실과
		우리가 만드는 평화로운 세상	인권의 의미, 다름에 대한 인정, 존중과 경청, 비폭력 대화 등을 통해 인권 감수성 높이기, 인권에 속한 어려운 사회적 개념들을 아이들 수준에 맞게 주변 생활에서 사례를 찾아보고 인권을 주제로 주장하는 글쓰기와 토론을 하여 인권의 중요성을 인식하고 실천하는 태도를 기르도록 함.	관련교과 : 국어, 도덕, 사회, 실과, 음악

이러한 프로그램들은 벽화 그리기, 환경보호 활동, 공간 재구성, 책 만들기 등 대부분 팀을 기반으로 하는 단기 프로젝트의 형태를 띠었고, 다음과 같은 특이점을 발견할 수 있었다.

첫째, 정규 교과수업에 적용한 사례도 있었지만 대부분 교과 내용과의 연계보다는 특별 프로그램을 만들어 정규 교과에서 다루기 어려웠던 독서, 시사탐구, 실험, 환경프로젝트 등의 내용들을 별도로 준비하여 운영하였다. 둘째, 의도적으로 핵심역량과 짝짓기 내용을 편성하였다. 〈표 9-4〉를 보면, 각 프로그램을 최대한 관련이 높은 핵심역량과 짝을 지어 편성하였는데, 실상 해당 프로그램이 모든 영역의 핵심역량과 관련이 있는 경우도 있고 그 반대인 경우도 있는 상황에서 '핵심역량-관련 프로그램'이라는 틀에 얽매여 있는 것을 발견하였다. 셋째, 교과 간 연계학습을 진행하였다. 특정 주제와 개념이 다른 교과 또는 학교 밖 실생활과 어떻게 연계되는지 발견할 기회를 제공하려 교육과정 설계 시, 관련 교과 간 담당 교사들 간 협력을 하고, 학기 중 이를 실행하였다. 넷째, 학년, 학생의 특성을 고려하여 주제설정과 프로젝트를 설계하였다는 학교의 설명과 달리 각 프로그램의 내용을 살펴보면 본래 운영하던 - 1학년은 학급야영, 2학년은 수학여행, 3학년은 도시문화체험 등 - 학교 행사들이 심심찮게 발견되며, 어떠한 기준으로 이것이 학년과 학생의 특성을 고려한 것인지 그 설명이 불충분하거나 애매한 경우도 많았다. 마지막으로, 2015 개정 교과 교육과정은 교과(군) 역량과 창의적 체험활동 역량 간의 관련성은 무시된 채 운영되고 있는 것으로 나타났다.

다. 실천사례를 통한 '역량기반 교육'의 '방법'

학교 현장에서 실행되는 '역량기반 교육'의 방법은 크게 운영 방법과 교수학습 방법으로 나눌 수 있었다. 자세한 내용은 다음과 같다.

① 운영 방법

먼저, 운영 측면의 방법을 살펴보면, 첫째, 학교 자체 프로그램을 운영하였다.

'역량기반 교육'을 시범 운영한 연구학교의 모든 교사들은 2015 개정 교육과정의 핵심역량을 참고하여 도출한 해당 학교의 자체 역량을 함양시키기 위한 목적으로 〈표 9-5〉와 같이 정규 교과 외 다양한 프로그램을 운영하고 있었다.

표 9-5 A고교의 역량함양을 위한 프로그램 운영사례

A고교의 핵심역량	학교 차원의 교육 프로그램
자기관리 역량	진로탐색 역량강화교육, 진학탐색 역량강화교육, 자신의 꿈・끼를 찾아가는 동아리 활동 교육
지식 정보처리 역량	○○학술제, 신문스크랩 활동, 독서교육프로그램
창의적 사고 역량	여러 가지 코딩교육부터 창의성을 키우는 수학교육, 정보기기 활용능력 함양
의사소통 역량	학생활동 발표중심의 수업 활동, 다양한 토론 활동, 영어토론, 독서토론, 토론대회, 독후감 쓰기 및 발표 대회, 3분 스피치
공동체 역량	통합학급 운영, 세계 시민교육, 나라사랑교육 더불어 사는 아름다운 교육
심미적 감성 역량	○○예술제, 문화예술 지원 활동으로 여러 가지 벽화 그리기, 뮤지컬, 1인 1기 통기타 교육, 발표회, 노래하는 인문학 교육, 현장학습, 학급별 채소 가꾸기, ○○미술 공모전

(출처 : 한국교육개발원, 2017)

하지만, 위와 같이 운영사례를 살펴보면, '역량기반 교육'을 위해 프로그램을 새로 기획했다기보다는, 예술제, 학술제, 발표회, 현장학습, 미술 공모전과 같이 기존에 운영 해오던 학교행사와 프로그램을 성격이 비슷한 역량에 분류・재배치한 것으로 보이며, 진로탐색 역량강화 교육과 진학탐색 역량강화 교육 등의 일부 프로그램은 '진로탐색'을 위한 프로그램에 '역량강화'와 '교육'이라는 용어를 추가한 다소 억지스러운 상황으로 보이기도 한다. 혹은 반대로 '역량기반 교육'의 필요성이 국가수준 교육과정에서 거론되기 전부터 학교 현장에서는 그 명칭만 쓰지 않았을 뿐 이미 역량함양을 위한 프로그램을 실행하고 있었다고도 볼 수 있겠다.

둘째, '역량기반 교육'을 위한 특정 시기를 지정하였다. 교사들은 '역량기반 교육'을 학생 참여형 수업으로 진행해야 한다고 인식하고 있었다. 하지만 현실적으로 교과수업 시간 내에 모든 수업을 학생 참여형으로 운영하는 것은 어렵기 때문에 정규 시험이 끝난 직후, 상대적으로 진도에 대한 교사들의 부담과 학생들의 긴장이 다소 덜 한 이 시기에 역량함양 활동을 운영하였고, 이는 학생 참여형 수업 혹은 수행평가 활동의 형태로 운영되었다. B고교는 융·복합 주간이라는 특정 기간을 선정하여 주제통합형 수업과 학생 참여형 수업을 이 기간에 집중적으로 운영하고 있었다.[27] 그 내용은 다음과 같다.

> 초기에는 … 주제가 있었고, 그 주제에 적합한 외부 교수님들을 모셨어요. … 학생들은 그걸 듣고 … 토의과정을 거쳐서 파워포인트를 만들고, 그다음에 최종 발표까지 하는 형태로 진행되었어요. 해당 주제와 쭉 연결이 된 거죠. 그러다 보니까 학교 전체가 **한 3주 동안 시끌벅적**한 거예요. 그리고 진도를 멈출 수밖에 없잖아요. … (그래서) 2세대에는 기조 강연은 빠지고, 주제별 강연이 있고 그것도 **일과 중이 아니라 주말 같은 때를 이용**해서 강의를 풀어놓았어요. 학생들이 선택해서 듣고, 토의하고, 그리고 결과 정리해서 발표했죠. 그렇게 가는 것이 2세대 형태의 주제통합 수업이었어요(B고교, 박○일 교사).
>
> [출처 : 한국교육개발원, 2017]

셋째, 정규교과 외의 시간을 활용하였다. 이는 어찌 보면 둘째, 특정 시기의 지정과 같은 맥락이라 볼 수 있는데, 대부분의 교사들은 역량함양을 위한 활동을 정규 수업 시간 중에 실시하는 것이 어렵다고 판단하여 방과 후 수업 시간을 활용하기도 하였다. 그 내용은 다음과 같다.

---

27) 사례에 따라, '역량기반 교육' 시범학교로 지정이 되다 보니, 어쩔 수 없이 보여주기식 단기 프로그램이라도 운영을 해야 하는 상황에서 기획한 것은 아닌가 의심스러운 부분이 많았다.

방과 후 수업시간에 대개는 문제풀이를 하는 것이 보통이지만 관심 있는 (선생님들이) 작년에 '정의란 무엇인가?'라는 책을 영문으로 영어 선생님이 수업을 하고, 그다음 시간에 윤리 선생님하고 토론을 했었어요. 그런 활동들을 조금씩 시도를 하려고 하고 있어요. 저희가 준비하기 어려워서 못하지 그거에 대한 분위기는 아주 좋아요(B고교, 이○섭 교사).

[출처 : 한국교육개발원, 2017]

② 교수학습 방법

다음으로 교수학습 측면의 방법을 살펴보면, 첫째, 팀 기반의 학생 참여형 수업을 운영하였다. 학교(교사)에서는 학생들의 역량함양을 위한 수업 방법으로 학생 참여형 수업을 시도하였다. 전통적 강의식 수업에서 교사의 전달이 주가 되었던 수업방식과 달리 '역량기반 교육'은 학생이 주도적이어야 하고, 또한 학생들끼리 모둠을 정하여 그 안에서 소통하고, 문제를 해결하고, 그러는 가운데 리더십을 기르고, 협력하기를 바랐다.

둘째, 교과 간 주제통합 수업을 운영하였다. 그 사례는 〈표 9-6〉, 〈표 9-7〉과 같다. 〈표 9-6〉은 교과 간 통합을 하여 수업 내용을 재구성한 사례이다. 과목의 수업 시수를 통해 국어 과목이 메인 과목이라는 것을 알 수 있는데, 국어과는 음악과 도덕의 관련 단원과 각각 연계하여 융합 수업을 재구성하였다. 〈표 9-7〉은 '꼬마 농부들의 텃밭 일기'라는 이름의 프로젝트 활동으로 국어, 도덕, 미술, 실과의 관련 단원과 연계하여 융합 수업을 설계하였다. 교과 간 통합을 하여 '역량기반 교육'을 실행하는 것이 더욱 효과적이라고 판단한 것으로 보인다.

표 9-6 ○○초등학교 국어과 '역량기반 교육(과정)' 재구성 사례 1

<table>
<tr><th>핵심 역량</th><th>교과</th><th>단원</th><th>시수</th><th>계</th><th>유형</th><th>재구성 방법</th><th>지도 시기</th></tr>
<tr><td rowspan="2">문화 향유 역량</td><td>국어</td><td>1. 이야기를 간추려요</td><td>11</td><td rowspan="2">12</td><td rowspan="2">교과간 (시기 조정)</td><td rowspan="2">- 문화 향유 역량 증대를 위해 음악과 오페라 감상 영역을 추출하여 교과 간, 시기 조정
- 오페라 내용 듣고 이야기 기차 만들기 활동으로 국어과와 음악과 통합하여 운영함</td><td rowspan="2">9월 2주</td></tr>
<tr><td>음악</td><td>8. 요술피리와 요술방울</td><td>1</td></tr>
<tr><td rowspan="2">공동체 - 대인관계역량</td><td>국어</td><td>2. 제안하고 실천하고</td><td>10</td><td rowspan="2">11</td><td rowspan="2">교과간 (시기 조정)</td><td rowspan="2">- 공동체 대인관계 역량 증대를 위하여 도덕과 도덕적 주체로서의 나 단원과 교과 간, 시기를 조정하여 통합 운영
- 문제 상황을 정하여 집단 반성의 의미를 알고 해결방안을 논의하는 활동으로 통합 운영함</td><td rowspan="2">9월 3주</td></tr>
<tr><td>도덕</td><td>5. 돌아보고 살펴보고</td><td>1</td></tr>
</table>

(출처 : 한국교육과정평가원, 2017)

표 9-7 ○○초등학교 국어과 '역량기반 교육(과정)' 재구성 사례 2

프로젝트명	꼬마 농부들의 텃밭 일기	시기	연간
관련교과	국어, 도덕, 미술, 실과		
수업의도	텃밭 노작 활동을 통해 심신의 건강을 돌보고, 자연을 대하는 우리의 태도에 대해서 살펴봅니다. 텃밭에서 난 작물들은 심고, 기르고, 수확하고, 수확한 농산물을 활용해 간식을 만들어 먹는 경험을 지향합니다.		

	구분	수업 활동	차시	교과	시수	성취기준	핵심역량	교과역량
수업흐름	단원1	내가 기르고 싶은 식물				6실04-01 가꾸기와 기르기의 의미를 이해하고 동식물 자원의 중요성을 설명한다. 6미01-03 이미지를 활용하여 자신의 느낌과 생각을 전달할 수 있다.	지식정보 처리역량	(실과) 기술 시스템 설계능력 (미술) 시각적 소통능력
		1. 텃밭 작물 정하기	1	국어	1			
		2. 텃밭 작물 조사하고 보고서 쓰기	2~3	실과 미술	2			
		3. 텃밭 만들기	4	실과	1			
		4. 텃밭 팻말 만들기	5	미술	1			
	단원2	우리는 꼬마 농부들				6실04-02 생활 속 식물을 활용 목적에 따라 분류하고, 가꾸기 활동을 실행한다. 6미02-05 다양한 표현 방법의 특징과 과정을 탐색하여 활용할 수 있다.	지식정보 처리역량	(실과) 기술 시스템 설계능력 (미술) 창의융합 능력
		1. 텃밭 식물 심기	6	실과	1			
		2. 텃밭 지지대 세우기	7	실과	1			
		3. 텃밭 김매기 활동	8-10	실과	3			
		4. <숲으로 간 사람들> 읽고 자연이 소중한 까닭 나누기	11~12	국어	2			
		5. 천연염색을 이용하여 손수건 염색하기	13~14	미술	2			
	단원3	수확의 즐거움을 나누어요.				6실02-01 건강을 위한 균형 잡힌 식사의 중요성과 조건을 알고 자신의 식사를 평가한다.	심미적 감성역량	(실과) 생활자립능력
	건강	1. 작물 수확 및 정리하기	15	실과	1			
	한 간식 만들기	2. 건강한 간식 만들기				6실02-04 다양한 식재료의 맛을 비교 분석하여 올바른 식습관 형성을 적용한다. 6실02-02 성장기에 필요한 간식의 중요성을 이해하고 간식을 선택하거나 만들어 먹을 수 있으며 이때 식생활 예절을 적용한다. 6국03-03 목적이나 대상에 따라 알맞은 형식과 자료를 사용하여 설명하는 글을 쓴다.	지식정보 처리역량	(국어) 자료·정보 활용 역량
		- 한솥밥 (비빔밥) 해먹기	16~17	도덕	2			
		- 감자,고구마,달걀 등 삶아서 만드는 간식 만들기	18~19	실과	2			
		3. 요리하는 방법 설명글 쓰기	20	국어	1			

	교과	단원	평가 내용
평가계획	국어	3. 글을 요약해요	대상을 설명하는 글쓰기
	실과	3. 나의 안전한 문화 생활	건강한 간식 만들기
		2. 생활 속 동식물과 창조	식물 가꾸기
준비물	감자, 고구마, 가지, 오이, 방울토마토, 딸기, 옥수수 등의 텃밭 작물 호미와 손장갑, 텃밭 팻말, 거름흙 다수 실과 조리 도구		
주의사항	안전교육을 확실히 하여 안전한 교육활동이 이루어지도록 한다.		

[출처 : 이인화, 2017]

셋째, 문제를 해결하는 문제기반학습법을 적용하였다. 도덕 교과의 사례를 비롯해, '역량기반 교육(과정)' 재구성 방법에서 문제 상황을 정하여 학생들이 해결 방안을 논의할 수 있도록 교수학습 방법을 설계한 사례를 쉽게 볼 수 있다.

'역량기반 교육'은 단순히 이론적 지식을 습득하는 데 그치는 것이 아닌, 실천적 지식의 습득을 강조한다(김수정, 2019). 따라서 학교(교사)는 최대한 학생들의 주변 삶과 사회문제 등의 일상과 교육과정 및 교수학습 방법을 밀접하게 연관시키려 노력한 것으로 보인다.

라. 실천사례를 통한 '역량기반 교육'의 '평가'

역량함양을 위한 '역량기반 교육'의 평가 부분은 현재 우리나라 학교 현장에서 굉장히 다양한 이슈 사항이 있는 것으로 나타났다(최수진 외, 2017). 앞서 살펴본 역량기반 교육과정 내용 재구성표를 보더라도 대부분의 수업 지도안들은 내용과 교수학습 방법 설정에 대해서는 상대적으로 많은 내용을 기재한 반면, 평가계획 설정에 대한 내용은 소략하게 다루고 있는 점을 발견할 수 있는데, 이는 아직까지 '역량기반 교육'의 평가 방법이 구체적이지 않다는 증거일 것이다.

다음은 2015 개정 교육과정 「총론」에 제시된 평가 관련 내용이다. 이 내용은 교육부(2015)가 2015 개정 교육과정 「총론」에서 교육과정 구성의 평가 방향을 제시한 부분이다.

▣ 평가

평가는 학생의 교육목표 도달도를 확인하고 교수・학습의 질을 개선하는 데 주안점을 둔다.
학교와 교사는 성취기준에 근거하여 학교에서 중요하게 지도한 내용과 기능을 평가하며 교수・학습과 평가 활동이 일관성 있게 이루어지도록 한다.
학교는 교과의 성격과 특성에 적합한 평가 방법을 활용한다.

[출처 : 교육부, 2015 개정 교육과정 총론 해설 100p]

학습자의 국어 능력의 신장을 판단하고, 교수・학습 방법 및 평가 도구 개선에 기여할 수 있도록 학습 과정과 결과를 균형 있게 평가한다.

[출처 : 교육부(2015b).「국어과 교육과정」제2015 - 74호(별책5)70p.]

① 「초중등학교 교육과정 총론」, 제2015 - 74호 [별책1] : 3 라. 학습의 과정을 중시하는 평가를 강화하여 학생이 자신의 학습을 성찰하도록 하고, 평가 결과를 활용하여 교수・학습의 질을 개선한다.

[출처 : 교육부(2015a)]

내용을 살펴보면, "학생의 교육목표 도달도를 확인"하고, "교수・학습의 질을 개선하는 데 주안점을 두어라" 그리고 "중요하게 지도한 내용과 기능을 평가하며 교수・학습과 평가 활동을 일관성 있게 하라" 마지막으로 "학교는 교과의 성격과 특성에 적합한 평가 방법을 활용해라"이다. 하지만 어떻게? 이 "어떻게"라는 평가에 대한 세부적인 방법에 대해서는 어떠한 설명도 찾아보기 어려웠다. 여하간 이「총론」에서 제시한 평가 방향을 기준으로 각 교과는 교수・학습 방법이나 교과별 평가 방법을 세웠다.

그중 국어과의 교육과정 속 평가 방향을 살펴보면 다음과 같다. "학습자의 국어 능력의 신장을 판단", "학습 과정과 결과를 균형 있게 평가", 역시 학습자의 국어 능력이 얼마나 신장 되었는지를 어떻게 판단할 수 있는지 그리고 학습 과정과 결과가 균형 있으려면 어떻게 해야 하는 것이며, 그것은 어떻게 평가할 수 있는지 역시 평가 방법에 대한 속 시원한 세부 방법은 부재한 상태에서 "교수학습 방법 및 평가 도구 개선에 기여"할 수 있기까지 바라고 있다.

얼핏 보기엔 그럴싸한 말이지만 학교 현장에서 당장 '역량기반 교육'을 실행해야 하는 교사들에게는 막막한 글일 것이다. 평가단계에서는 구체적인 평가 방법 혹은 평가 수단이 필요하다. 특히 교사 스스로가 문제를 발견하고 필요에 의해 새로운 혁신방안을 도입하여 목적 - 내용 - 방법 - 평가를 일관성 있게 고민하고 대안을 찾는 것이 아닌, 위로부터의 하향식 정책실현을 하고 있는 우리나라의 학교 현장에서 이러한 새로운 교육 패러다임의 도입을 시도하고자 할 때에는 무엇보다 자세한 가이드라인이 필요하다. 특히 신뢰와 타당성을 강조하는 평가단계에서는 더욱이 그러하다.

이 평가에 대한 부분은 '역량기반 교육'의 입안자이자 국가수준 교육과정을 계획 · 수립한 정책연구기관[28]에서도 핵심역량을 평가하는 방법에 대해서는 아직 밝혀진 부분이 적고, 국내 관련 연구도 부족하다고 인정한 바 있다(한국교육개발원, 2017). 하지만 평가 방법에 대한 탐색은 국제비교조사 등을 통해 가능성을 기대하고 있으며 평가 관련 추가 연구를 하고 있는 상황이라고 덧붙여, 향후 방안에 기대를 가져보지만 현재 학교 상황은 모든 것이 교사들의 재량에 맡겨진 상황으로 보여진다. 따라서 학교 현장에서 운영되는 평가 내용에 대한 사례를 살펴볼 필요가 있다.

한국교육개발원(2017)에서 수행한 OECD 교육 2030 참여 연구[29]에서 수집 · 분석한 자료에 의하면 '역량기반 교육'의 평가 방법으로는 '수행평가'가 널리 사용되고 있었다. 그 이유로 많은 교사들은 수행평가가 활동 중심 수업과 마찬가지로 학생들에게 다양한 경험을 제공함으로써 학생들의 역량함양을 어느 정도 예측할 수 있기 때문이라고 답하였다. 하지만 역량을 함양하기 위해 수행평가를 실시하는 데 있어 교사들은 역량 평가와 현 평가 방법 간의 괴리로 인해 많은 혼란과 불만을 가지고 있었다(최수진, 2017). 이러한 학교의 상황을 보다, 자세히 들여다보면 다음과 같다.

〈표 9-8〉은 ○○초등학교 6학년 국어과에서 실제 실행한, 과정 중심 수행평가를 위해 작성된 평가지이다.

---

28) 한국교육개발원(KEDI)은 국가 주관기관(국가 코디네이터)으로, 한국교육과정평가원(KICE)은 교육과정 담당기관(교육과정 코디네이터)으로, OECD 교육 2030사업에 참여하고 있다.

29) 해당 연구는 역량 또는 역량기반 교육과정 관련 연구학교에서 근무한 고등학교 교사 11명과의 초점집단면담(FGI)을 통해 고등학교에서 역량기반 교육과정이 어떻게 실행되고 있는지 그리고 교사들은 역량기반 교육과정에 대해 어떻게 인식하고 있는지를 조사하였다.

표 9-8 ○○초등학교 6학년 (국어)과 과정 중심 수행평가지

<table>
<tr><th colspan="6">국어과 과정중심 수행평가지</th></tr>
<tr><td colspan="6" align="right">6학년 반 번 성명 :</td></tr>
<tr><td>핵심성취 기준</td><td colspan="3">쓰기 1634-2 주변에서 일어난 문제에 대하여 이유나 근거를 들어 주장하는 글을 쓸 수 있다.</td><td>핵심 역량</td><td>의사소통역량
지식정보처리역량</td></tr>
<tr><td>단원명</td><td>1. 다양한 관점</td><td>차시</td><td>7/9</td><td>평가일</td><td></td></tr>
<tr><td>과제명</td><td colspan="3">주변에서 일어난 문제에 대하여 이유나 근거를 들어 주장하는 글쓰기</td><td>평가자</td><td></td></tr>
</table>

※ 다음 글을 읽고 물음에 답 하시오.(1-2)

> 정부 기관의 조사에서 나타난 대표적인 스마트폰 중독 증상은 '스마트폰이 없으면 불안하다.', '스마트폰 사용에 많은 시간을 보내는 것이 습관화되었다.', '스마트폰을 그만해야겠다고 생각하면서도 계속한다.', '수시로 스마트폰을 사용하다가 지적을 받았다.' 등이다. 지나친 스마트폰 사용은 학업이나 일상생활에 지장을 줄 뿐 만 아니라 가정 내 갈등 및 대화 단절, 대인관계 문제까지 유발할 수 있다. 10대 청소년이 스마트폰에 빠지게 되면 통합적 사고력 및 자기조절력이 충분히 발달하지 못할 위험이 있다.

1. 청소년의 스마트폰 사용에 대한 글쓴이의 관점을 정리하여 쓰시오.
   글쓴이의 주장 : 지나친 스마트폰의 사용은 10대 청소년들에게 (   )
   주장에 대한 근거 :
2. 청소년의 스마트폰 사용에 대한 나의 관점이 드러나는 글을 쓰시오.

제목	청소년의 스마트폰 사용
나의 관점	
까닭이나 근거	

<table>
<tr><th colspan="2">평가기준</th><th>배점</th></tr>
<tr><td rowspan="3">주장하는 글쓰기</td><td>글에 포함되는 내용이 4가지 모두 드러나게 주장하는 글을 작성함</td><td>4</td></tr>
<tr><td>글에 포함되는 내용이 1~3가지 드러나게 주장하는 글을 작성함</td><td>2</td></tr>
<tr><td>주장하는 글을 쓰지 못함</td><td>0</td></tr>
<tr><td rowspan="3">발표하기</td><td>청중 앞에서 자신 있는 태도로 자신의 영웅에 대해 소개하여, 질의한 내용에 적절하게 응답함</td><td>2</td></tr>
<tr><td>청중 앞에서 자신의 영웅에 대해 소개할 수 있음</td><td>1</td></tr>
<tr><td>청중 앞에서 소개하는 글을 읽는데 어려움을 겪음</td><td>0</td></tr>
<tr><td rowspan="3">경청하기</td><td>발표자의 말하기에 경청하며 궁금한 점에 대해 활발하게 질문함</td><td>2</td></tr>
<tr><td>발표자의 말하기에 경청함</td><td>1</td></tr>
<tr><td>발표자의 말하기에 경청하지 못함</td><td>0</td></tr>
</table>

[출처 : 이인화, 2017]

학생들에게 제시된 활동지는 글을 읽고 글쓴이의 관점을 정리하거나, 자기주장에 대한 근거를 작성하는 것이다. 학생들의 과제수행 결과물은 위의 평가 기준에 따라 평가가 이루어진다. 3단계의 영역으로 평가 기준을 설정하여 학생들의 점수 구간을 분산시키고, 평가의 타당성을 확보하려는 노력이 보인다. 이렇게 평가 내용을 선정·조직하고, 그에 대한 평가 기준을 세부적으로 제시한 사례는 서술에 있어서 다소의 차이는 있지만, 분석 대상이 된 보고서에 실린 학교 사례들에서 나타난 일반적인 평가방식 중 하나이다.

해당 수업을 통해 함양하고자 하는 핵심역량은 '의사소통 역량'과 '지식정보처리 역량'이다. 평가지와 평가 기준을 살펴보면 글쓰기를 통해 지식정보처리 역량이 함양되었는지를 확인하고, 글쓰기에 발표하기와 경청하기 활동을 추가하여 의사소통 역량을 평가하겠다는 의도로 해석된다. 그런데, 글쓰기 영역 즉, 의사소통 역량함양을 평가하기 위해 글에 포함되는 내용이 4가지일 때 최고점수를, 1~3가지 일 때는 그보다 낮은 점수를, 아예 글을 쓰지 못한 경우에는 점수를 부여하지 않는 것으로 평가 기준이 세워져 있다. 이렇게 기준을 세울 수밖에 없는 여건과 교사의 의도는 충분히 이해가 되지만 만약 1가지의 소재로 글을 작성하였지만 그 글의 깊이가 깊고, 문장력(표현력)이 뛰어나며, 전달하고자 하는 목적이 정확히 전달되는 글을 썼다고 가정하였을 때, 이 글은 내용 4가지를 모두 적지 못했기 때문에 평가 기준에 따르면 최고점수를 받기는 어려울 것이다. 하지만 반대로 문장력과 내용의 깊이는 다소 부족하지만 평가 기준에 맞게 내용 4가지가 모두 담겨 있다면 이 학생은 지식정보처리 역량과 의사소통 역량이 매우 뛰어난 학생으로 평가 되어질 것이다. 이렇듯 학생의 핵심역량 변화와 성장을 확인할 수 있는 평가 기준 혹은 지표의 개발이 아직까지 미비하다는 것을 확인하였다.

'역량기반 교육'의 평가와 관련된 또 다른 특징으로 고등학교의 경우 대학입시가 '역량기반 교육'의 실행 가능 여부에 많은 영향을 끼친다는 것이다. 특히 고교 교사들을 대상으로 사례조사를 한 보고서들을 분석한 결과 대부분의 교사들이 대학입시로 인해 '역량기반 교육'을 학교 현장에서 실행하기 벅차며, 특히 이를 평가하여 반영하는 과정이 매우 어렵다고 토로하였다.

내신과 관련이 있는 과목의 경우 학생들의 반응은 "돌변"한다(C고교 김○철 교사). 체육과 같은 예체능 과목의 경우에는 모두가 'A'를 받는 것에 학생들도 크게 동요하지 않지만, 그게 수학이나 과학 과목이 되면 "내가 A 받았으면 넌 반드시 B를 받아야 해"로 생각한다. 실제, 학생들은 기회를 더 주거나 학생의 성장에 맞춰 평가하는 것에 대해 이의를 제기하기도 하였다(B고교, 박○일 교사).

[출처 : 한국교육개발원, 2017]

이렇듯, 학생들 스스로가 입시라는 경쟁 분위기 속에 갇혀있고, 교사들 역시 학생들의 항의가 피곤하다고 답하는 이런 환경 속에서 역량함양 즉, 성장한 학생들에게 충분히 점수를 주기란 어려움이 따른다는 것을 알 수 있었다. 왜냐하면 평가 내용이 생활기록부에 반영이 되는데, 이 수행평가의 결과가 내신 성적으로 연결되고 내신 성적이 다시 대학입시로 연결되기 때문에 학생들이 수행평가의 성적에 대해 스트레스를 많이 받으며, 또한 수시전형에서 생활기록부는 중요하게 고려되는 부분이기 때문에 생활기록부에 적히게 되는 내용에 대해서도 학생들은 상당히 예민해 한다고 했다. 한 교사는 다음과 같이 "생기부30)의 노예", "생기부로 꼬시기"라는 생생한 증언을 하기도 하였다.

… 생기부가 보여주기 위한 것인지 정말 아이들의 발달상황을 위한 것인지 혼란스러울 때가 있어요. … 생기부와 연결되면 아이들을 완전히 노예화시키는 거더라구요. 아이들이 이거 써준다고 하면 서로 하려고 하거든요. 이거 안 한다고 하면 또 안 하고. … 선생님이 '이거 해' 그러면 애들이 '상점 주실래요?' 이래요. (a)<u>그런 아이들이 봉사나 헌신이나 이런 가치를 알 수 있을까?</u>(라는 생각이 들어요.) 상당히 비교육적인 부분이 아닌가 생각이 들어요(A 고교, 이○우 교사).

[출처 : 한국교육개발원, 2017]

30) '생기부'는 생활기록부의 줄임말로 학교현장을 비롯한 입시환경에서 공공연히 사용되는 용어이다.

포스트 DeSeCo 프로젝트라고 하는 OECD의 Education 2030에서는 함양해야 하는 필수 역량으로 '윤리와 가치'를 추가로 강조하였다. 하지만 ⓐ와 같이 학생들이 "봉사나 헌신과 같은 가치를 알 수 있을까"라는 의문이 드는 분위기 속에서 '역량기반 교육'을 실행하고, 학생들이 윤리와 가치를 심각하게 고민하기에는 많은 어려움이 따를 것으로 보인다. 교사들 스스로도 이 부분에 대해 다음과 같은 안타까움을 표현하였다.

> 학생들이 생활기록부 기록 여부에 따라 조건적으로 반응하고, 또 교사들은 학생 참여형 수업에서 학생들의 참여를 유도하기 위해 생활기록부를 이용하고 있는 상황에 대해 '교육적으로 바른 방법인가?'라는 고민이 든다(이○우, 김○경 교사).
>
> [출처 : 한국교육개발원, 2017]

또한, 역량함양을 평가하기 위한 방법으로 현시점에서 수행평가가 널리 사용되고 있지만, 교사들은 이 수행평가의 비율을 마냥 높일 수는 없다고 하였다. 그 이유는 "수행평가가 학생들에게 많은 부담이 되기 때문이다(A고교, 이○우 교사, B고교, 이○섭 교사)."라고 하였다.

B 중학교에서는 일부 교과에서 수행평가로만 평가하고 있었는데, 그 이유는 수업과 평가의 정합성을 높이기 위해서라고 하였다. 하지만 이러한 평가 방법에 대해서 교사와 학생 모두에게 다소 부담이 된다고 하였다. 즉, 채점과 평가에 대한 교사의 부담이 크고 공정성에 대한 고민이 있으며 학생들은 매시간 평가를 받는다는 점에서 부담을 느낀다고 다음과 같이 언급하였다.

> 학생들이 지필을 안 보는 건 참 좋아하지만 또 너무 질려 하는 게 있어요. 계속 이전 과정이 평가니까. 어떤 시간은 평가고 어떤 시간은 아니고 이렇지 않거든요. 대체로 뭘 해도 들어가는 거니까. 애들이 또 "수행해요?" 뭐 이런 반응도 있고, 그리고 좀 뭐 품도 많이 들어가죠. 매번 이거를 채점을 하고 평가를 하고 성적을 내야 되니까 … 일단 시험이

랑 수업이랑 이렇게 너무 분리되지 않는다는 것, 일체화된다는 점에서는 장점이 있는 것 같은데 사실 또 얼마나 객관적인가, 공정성이나 이런 것도 좀 많이 신중해야 될 것 같기도 하고, 좀 애들이 질려 하는 경향이 있긴 있어요(B 중학교 교사).

[출처 : 한국교육개발원, 2019]

학생과 학부모들은 평가에 대한 불만과 불신을 가지고 있었는데, 그 원인은 입시 위주의 학교 문화 때문이라고 볼 수 있다. ○○중학교의 학생참여형 수업의 만족도 조사를 해본 한 교사는 다음과 같이 언급하였다.

프로젝트 수업을 하고 연말에 한 번 설문조사를 했어요. 이 수업이 '나빴다'고 한 학생이 딱 두 명이 나왔어요. 다른 학생들은 다 좋다고 했어요. 나빴다고 한 학생은 최상위권 학생들이었는데, … 모둠 활동에서 자기 뜻대로 안 되니까 싫은 거죠. … 같이 뭐 하자고 하면 안 따라주죠, 나는 내 공부를 해야 하는데, 안 따라주니까 불만이 있기도 해요(장○성 교사).

[출처 : 한국교육개발원, 2017]

이러한 태도는 학부모에게서도 나타났다. 그 내용은 다음과 같다.

'이게 대입에 도움이 돼?' 이게 학부모들의 현실인 것 같아요. 대입에서 핵심역량을 공부한 아이들을 위한 뭔가, 혜택 같은 것을 넣어줘야 학부모들도 관심을 가지고 지지할 것 같아요(심○정 교사).

[출처 : 한국교육개발원, 2017]

수업과 대입제도의 분리 상황을 개선하여 평가와 대입제도를 연계하는 방안이 필요한 것으로 보인다. 진천의 D고등학교는 미래형 학교라는 설립의 목적에 맞게 '역량기반 교육' 실천에 대한 의지가 매우 강한 학교이다. 하지만 대학입시와

바로 직결된 고등학교에서 '역량기반 교육'을 운영하는 학교의 모습에 학부모들은 다음과 같이 불안감을 표현하였다.

우리 학교가 주위에서 제일 많이 듣는 얘기가 진도를 못 나가는 학교거든요. (웃음) … (생략) … 우리 학교는 교과서 진도를 위주로 나가는 학교가 아니라, … (생략) … 그런데 학부모들의 입장에서는 (교과서) 몇 장을 나가느냐가 중요하게 되어버리는 거죠. 학교에서 뭔가를 새롭게 해도 결론은 대학입시(와 연관이 있느)냐는 거예요. 엄마들이 불안감이 있어요(학부모).

[출처 : 한국교육개발원, 2019]

물론, 모든 학생과 학부모가 '역량기반 교육'에 대해 부정적이고 불신의 눈초리로 바라본다는 것은 아니다. 하지만 특히 성적이 아주 우수한 학생과 학부모 즉, 교육정책에 관심이 많은 집단에서 이러한 태도를 보인다는 것은 새로운 시도를 위한 준비과정에서 반드시 그 원인과 해결책을 고민해야 할 것이다.

'역량기반 교육(과정)' 연구학교 사례 보고서를 통해 살펴본 바에 의하면 대부분의 교사들은 '역량을 어떻게 평가할 것인가'에 대한 고민을 하고 있었고, 역량 평가도구나 평가요소(평가 과제, 평가 기준 등)에 대한 보다 자세한 가이드라인이나 사례가 소개되면 좋겠다는 의견을 표출하였다. 교사들은 '역량기반 교육'을 제대로 하고자 한다면 현재의 시험이 주로 학생들이 얼마나 알고 있는가에 초점을 두고 있는 점을 개선하고, 학생들의 역량을 평가할 수 있는 문항 개발이 필요하다는 의견을 다음과 같이 제시하기도 하였다.

우리 교육과정이 역량중심이라면 평가문항도 상당히 중요할 것 같아요. (역량을 강조하는) 맥락에서 평가 문항이 이루어져야 된다고 생각해요. 그런데 대부분 평가하는 것은 단순히 지적인 능력을 얼마나 많이 오래 가지고 있고, 그걸 이해하고 있는지를 평가하는 문항이죠. 우리는 다양하게 역량 중심으로 수업을 하고, 그런 쪽으로 신장시켜 주려고 한다면, 지적인 능력을 전달해 주는 데는 그만큼 시간이 좀 부족하죠. 그러다보면 그 부분에서는 아마 낮을 수도 있겠죠. 근데 만약에 다양하게 융합된 어떤 문제를 해결하는 문항들이 있다면, 이런 수업을 하는 아이들한테 굉장히 도움이 될 것 같아요. 단순한 지적 능력을 묻는 문항이 아니라 역량을 평가하는 그런 문항을 만들어내는 것도 굉장히 중요한 것 같아요(교사2).

[출처 : 한국교육개발원, 2019]

이상과 같이 '역량기반 교육'의 평가 현황을 살펴본 바에 의하면 사례 학교들의 공통적인 특징은 역량을 중심으로 한 교육과정을 재구성하거나 그에 따른 교수학습 방법을 모색하는 것에 반해 역량 중심의 평가를 시도하는 데 있어서 많은 어려움을 겪고 있는 것으로 나타났다. '역량기반 교육'의 평가에서는 학생들이 단순 암기 위주의 지식을 축적한 정도를 확인하기보다는 지식을 활용할 수 있는지를 평가해야 한다고 하였지만 정작 학교 현장에서는 수행평가, 과정 중심 평가, 평가 주체의 다양화 정도로 '역량기반 교육'의 평가가 이루어지는 것을 확인하였다.

3. 종합적 고찰

이상과 같이 '역량기반 교육'의 개념이 학교라는 실제 세계에서 어떻게 구현되고 있는지 사례를 통해 '목적', '내용', '방법', '평가'로 나누어 살펴본 결과 '역량기반 교육'의 개념적 측면에서의 한계점과 개선해야 할 쟁점을 도출하였고, 이 책에서 제시한 다섯 가지 개념 체제가 인과적 논리를 넘어 실제 학교 현장에서 적합성을 띠는 것을 확인할 수 있었다. 그 내용은 다음과 같다.

첫째, '역량기반 교육'의 목표를 살펴본 결과 각 학교에서는 학교가 소재하고 있는 지역과 학생들의 특성을 고려하여 학교 자체 핵심역량을 재구성하고, 명료화하였다. 이들 목표 기술의 공통점은 기능주의 교육관[31]을 바탕으로 하고, 행동

31) '기능주의 교육관'이란 교육을 기능으로 규정하거나 가치를 실현하는 도구로 이해하는 태도

주의 목표를 보인다는 점이다. 최성욱(2014)은 기능주의적 교육관에 입각한 교육목표의 특징을 다음의 4가지로 설명하였다. 1) 목표 지향적 과업의 성격을 보인다. 2) 주어진 목표를 달성하는 한, 언제나 그 효용 가치를 인정받을 수 있다. 3) 목표 달성에 유효한 것을 모두 '교육'으로 인정함으로써 종횡으로 확장될 수 있다. 4) 목표의 내용에 상관없이 그것을 필요로 하는 대상에 봉사할 수 있다. 이와 같이 학교 현장에서 실행되고 있는 '역량기반 교육'의 목표 기술은 교육에 대한 의미 규정은 하지 못한 채 핵심역량의 신장이 학교 교육을 통해 가능하며 이를 통해 인재를 양성할 수 있다는 태도를 보이고 있었다.

둘째, '역량기반 교육'의 내용은 크게 교과(군)와 창의적 체험활동으로 나누어 내용구성 및 조직을 하였다. 교과(군)와 창의적 체험활동은 서로 연계되지 못하고 별도로 운영되고 있었다. 즉, 교과에서 직접적인 체험활동을 하기 어려운 경우 창의적 체험활동 시간에 교과 내용과 체험활동을 단순히 연결하는 재구성을 통해 기존 교과 지식과의 연계가 아닌, '역량기반 교육'을 위한 특별 수업 내용을 별도로 구성하였다. 먼저 교과(군)는 '주제중심융합교육' 방식을 취하여 관련 교과들과 협력을 통한 수업을 시도하기도 하였다. 교육과정의 내용 체계는 '영역 - 핵심개념 - 일반화된 지식 - 내용 요소 - 기능(역량)'으로 성취기준 또는 역량 중심의 내용 재구성 방식을 띠었다. 창의적 체험활동에서는 역량함양을 위한 프로그램을 개발하거나, 기존에 있던 학교행사(학예회, 체험학습, 수학여행 등)나 기존 프로그램을 핵심역량과 관련지어 내용편성을 하였다. 그 주제는 주로, 봉사, 환경보호, 진로 탐색, 사회・역사, 문화・예술, 운동, 코딩, 독서・토론, 글쓰기 등이었다. 그리고 2015 개정 교육과정 총론에서 제시한 핵심역량과 교과역량 간 매치가 관련성의 부족으로 어려운 경우도 발견하였다. 정규 교과의 내용을 통해 '역량기반 교육'을 실행하기보다는 주로 정규 교과 외 창의적 체험활동으로 비교적 내신 성적에 반영되는 비율이 지필 평가보다 낮은 수행평가로 앞서 말한 봉사, 환경보호, 진로 탐색, 사회・역사, 문화・예술, 운동, 코딩, 독서・토론, 글쓰기 등을 하기에 좋은 관련 주제들을 선정하여 '역량기반 교육'을 위한 특별 수업 내용으로

이다(장상호, 2005).

다루고 있었다. 이러한 '역량기반 교육'의 내용 선정 및 조직은 역량이 습득되고 발현되는 복잡한 메커니즘은 간과된 채 기존의 교과 활동과 역량을 편협하게 연관시키고, 이해하는 경향을 보였다.

셋째, '역량기반 교육'의 방법 면에 대한 두드러진 특징으로는 1) 학생참여형 수업을 하려고 노력하였다는 점이다. 하지만 학생중심 수업의 방법이 학생들에게 동아리 활동을 선택하게 하고, 듣고 싶은 프로그램을 직접 선택할 수 있는 선택의 기회를 제공하는 단편적인 수준에 머물러 있는 경우가 많았다. 이보다는 직접 내용의 주제를 선정하고 그 가운데 주어진 문제를 스스로 인식하고 해결하는 전 과정에 있어서 주체적인 활동을 할 수 있도록 수업 전반에 대한 설계를 하는 등, 학생참여형 수업의 질 재고가 필요한 것으로 나타났다. 다음으로 2) 교과 내 수업보다는 교과 간 통합을 하여 '역량기반 교육'을 실천하는 것이 더욱 효과적이라 판단한 것으로 보인다. 단순히 교과 간 주제를 통합하는 수업을 '역량기반 교육'이라고 오인하는 것은 상당한 주의가 요구된다. 그럼에도 불구하고 학교 현장에서는 교과 간 통합수업을 '역량기반 교육' 방법의 일환으로 활발히 적용하는데, 그 이유를 다음과 같이 해석하였다. 먼저, 역량의 개념이 총체적 성격을 가지고 있기 때문에 분절적인 지식보다는 각각의 교육과정 요소들 간의 통합과 연계를 강조한다(홍원표, 이근호, 2011; 홍원표, 곽은희, 2014; 최은주, 2013; 노승현, 2014)는 기존 연구들의 주장과 맥을 같이한다고 볼 수 있다. 둘째, 교과 간 통합수업은 '역량기반 교육'보다 앞서 교육현장에 도입된 '융합교육'으로 교사들에게 보다 친숙한 방법으로 간주되었을 것이다. 셋째, 개별 교과에서 유사 주제를 다룰 경우, 이를 통합 운영하면 시수 확보에 유리하고, 그렇게 확보된 시수에서 활동수업을 하거나, 수행평가를 할 수 있기 때문이다. 이러한 상황에서 '역량기반 교육'의 효과적인 방법 중 하나로 교과 간 통합수업을 단순히 실행하였다간 목적을 잃어버린 통합, 통합을 위한 통합수업에 그칠 우려가 있으므로 주의가 필요하다고 생각한다. 그리고 대부분의 학교들은 핵심역량을 중심으로 성취(평가)기준과 교육과정을 재구성할 때, 교과 내 수업 설계보다는 교과 간 통합을 하여 수업을 설계하고, 수행평가를 개발하는 것이 더욱 효과적이라고 생각하는 듯 보였다.

3) 거꾸로 된 수업 설계를 하고 있었다. 성취(평가)기준을 기반으로 목표를 설정하고, 가르칠 내용을 선정하고 방법을 모색하는 등 교육과정 개발 이론과 방향이 정반대인 일원화를 추구하는 즉, 평가 설계로부터 교육과정 개발이 이루어지는 특이점을 보였다. 4) 별도의 '역량기반 교육' 프로그램을 운영하였고, 주로 5) 시험이 끝난 직후 집중 운영을 하는 등 정규 교과 외의 시간을 활용하여 운영하는 경향이 있었다. 그리고 6) 주제 중심수업이나 프로젝트 수업과 같은 학생 참여형 수업이 곧 '역량기반 교육'이라고 오인하는 경우가 많았다. 7) 학생·학부모 입장에서는 만족하지만, 걱정과 두려움이 공존하였다. 저학년일수록 '역량기반 교육'에 만족해하였고, 중학생 단계에서는 대부분의 학생들은 만족해하였지만, 일부 상위권 성적의 학생들과 고등학교로 갈수록 기초학력 저하와 입시에 안 좋은 영향을 미칠까 우려하는 모습이 나타났다. 따라서 학생·학부모의 입시 우선주의적 인식 개선과 학교 및 교사에 대한 신뢰 형성이 우선되어야 할 것으로 보인다.

넷째, '역량기반 교육'의 평가 부분과 관련해서는 1) 역량 요소를 단순히 범주화·표준화하려는 오류를 범하고 있었다. 즉, 학생들이 학교에서 준비한 프로그램에 참여하여 가시적으로 드러나는 행동을 범주화·표준화한 평가표에 근거하여 점수를 부여하고 학생의 역량 신장 여부를 판단하는 오류를 범하고 있었다. 2) 과정중심평가가 주로 이루어졌고, 과정중심 평가는 주로 수행평가와 연결되었다. 하지만 이러한 수행평가는 학생들에게 부담과 스트레스를, 교사들에겐 엄청난 평가기록으로 인한 업무 과중으로 이어졌다. 3) 또한 학습자의 성과 확인이 어렵고, 평가 기준 설정이 모호하며, 정량화가 필요하지만, 정량화가 어려운 상황으로 인한 고충이 있었다. 4) 특히, 고등학교에서는 학생들이 생활기록부 반영 여부에 조건화되는 현상이 나타났고, 교사들은 이러한 현상이 교육적으로 과연 바람직한 것인가에 대해 고민하기도 하였다. 따라서 입시 위주의 교실문화와 역량함양 간의 연관성을 확보하여 현 평가제도의 개선을 검토해 볼 필요가 있다. 5) 현재로서는 평가 방법이 담당교사의 관찰에 의한 기록, 혹은 학생 스스로가 느끼는 수업 전·후 성취도를 묻는 자가 진단 설문에 의해 자신의 성장 정도를 평가하는데, 학생의 발달을 다방면적으로 이해하고 성취기준에 도달하였는지를 과학적이고, 객관적인 방법으로 평가할 수 있는 역량 평가 방법은 아직 부족한 것으로 나타났다. 사실 이를 좀 더 깊이 들여다보면, '역량기반 교육'을 Bloom이 제시한 교육목표 분류체계로 나누어 봤을 때, 인지적 영역, 정의적 영역, 심동적 영역 중 '정의적 영역'에 대한 평가가 특히 어려운 이유와 비슷하다고 볼 수 있다. 따라서 '역량기반 교육' 정책 제안자들이 역량함양이라는 궁극적인 목표를 제시한다면 그 역량의 함양이 달성되었는지의 여부를 확인할 수 있는 평가 방법 마련에 깊은 고민을 해야 할 것이다.

다음으로 개념적 측면에서의 한계점과 개선해야 할 부분에 대한 논의와 더불어 학교 현장이라는 실제 세계에서 '역량기반 교육' 개념체제 다섯 가지 -지식기반 사회, 행동주의 목표, 핵심역량, 커리큘럼, 직업 세계의 요구 - 가 문서상의 인과적 논리를 넘어 적합성을 보이는지 확인한 결과 '행동주의 목표', '핵심역량', '커리큘럼'은 명확하게 구현되었음을 확인할 수 있었다. 그에 반해 '지식기반 사회'는 상대적으로 표면에 드러내지는 않았으나, 내용과 방법 및 평가를 다양화하는 목적이 다가오는 '지식기반 사회'를 유연하게 이끌어 갈 수 있는 인재상을 길러내기 위함이므로, 간접적으로 구현되었다고 볼 수 있다. 하지만 '직업 세계의 요구'를 개념 체제에 반영하여 실천한 사례는 확인하기 어려웠다. 그 이유를 분석 대상으로 삼은 학교급이 초·중등 사례이기 때문에, 졸업 후 바로 직업 세계로 진출하는 대학교에 비해 직업 세계의 요구에 대해 상대적으로 둔감하였거나 필요성을 느끼지 못하였을 것이다. 따라서 이 책에서 도출한 지금의 '역량기반 교육' 개념체제 다섯 가지가 실제 학교 현장에서 문서상의 인과적 논리를 넘어 의미적 적합성을 보이는 것으로 확인할 수 있었다.

제IV부

역량기반 교육 개념의 이론적 확충

Ⅱ부와 Ⅲ부에서의 역량기반 교육 문헌 분석과 계보학적 고찰, 그 안에서의 의미 도출, 개념 체제 분석 및 비판적 고찰 등은 본 Ⅳ부에서 제시할 '역량기반 교육'의 개념적 확충을 위한 이론적·경험적 자료수집과 검증의 과정들이었다. 이러한 다각적인 측면에서의 분석 과정을 통해 도출한 의미 있는 결과들을 토대로 지금부터 '역량기반 교육'이 교육으로서 보다 의미있는 실천을 하는 데 도움을 주고자 존 듀이(John Dewey)와 장상호의 교육 이론을 바탕으로 '역량기반 교육' 개념의 이론적 확충을 제안해 보고자 한다.

제도권 안에서의 '역량기반 교육'은 2015 개정 교육과정에서 이제까지 연구 및 논의 수준에서만 검토되었던 역량의 개념을 처음으로 교육과정 총론 문서에 명시적으로 반영하였다(교육부, 2015a). 그러한 연유로 초・중등학교에서는 역량기반 교육과정으로 많이 불리고 있고, 역량함양에 초점을 두어 진행하는 수업이나 프로그램과 같이 그 활동 범위를 명확히 정한 경우에는 역량기반 수업 혹은 역량기반 프로그램이라고 불리기도 한다. 하지만 특기할 점은 지식기반 사회로 대변되는 미래사회의 대안으로서 거론되거나 정부의 사업 발표 등 정책적 제안이나 언론보도를 하는 경우 그것에 대한 명칭은 '역량기반 교육', '역량 교육', '역량중심 교육' 등 '교육'이란 용어를 붙여 사용한다는 점이다.

한국핵심역량교육학회의 학술지 〈핵심'역량교육'연구〉, 과학기술정보통신부의 〈디지털 '역량 교육' 사업〉, 인사혁신처의 〈'역량기반 교육' 훈련제도〉, 한국정책역량개발원의 〈'역량강화 교육'〉, 한국교육신문 보도(2019.01.02.) 〈'역량 중심 교육'의 문제점〉, 한국대학신문 보도(2021.07.13.) 〈'역량기반 교육' 혁신 …〉 등을 예로 들 수 있다. 앞서 연구된 문헌들에서는 '역량기반 교육'의 도입 배경이 지식과 정보가 폭발적으로 증가하는 미래사회를 대비하여 우리 학생들에게 무엇을 가르쳐야 하며, 어떤 능력의 발달에 초점을 두어야 하는가의 질문에 대한 대안으로 등장하였다고 한다.

그렇다면 '역량기반 교육'을 학습자 중심의 역량기반 학습 또는 역량기반 수업이라고 명명하였을 때 좀 더 그 목적에 가까운 표현이 될 텐데, 왜 '역량기반 교육'이라고 할까? 실제 이 책의 7장에서 역량의 개념 체제에 '학습 가능성'이 개념의 중요한 조건 중 하나라는 점을 확인하기도 하였다. 그런데 왜 우리는 '역량기반 교육'이란 이름을 쓰는가? 라는 질문을 던져본다.

8장'역량기반 교육'에 내재 된 교육관의 비판적 고찰에서 "학교태=교육"이라는 관습적 교육관이 자리하는 것을 확인한 바 있다. 즉, 학교에서 이루어지는 활동이므로, 혹은 무엇을 가르친다는 의미에서 기존의 관습에 의해 무의식적으로 '교육'이란 이름을 붙여 '역량기반 교육'이라 명명하였을 수도 있다. 본 장에서는 그 이유를 관습적 교육관 안에 내재해 있는 또 다른 목적의식으로 추적해 보고자 한다.

'미래 교육'에 대한 논의를 담은 많은 연구 보고서들은 역량 또는 핵심역량을 공통적으로 강조하고 있다(정미경 외, 2017; 류방란 외, 2018; 유한구, 2017; 윤종혁, 2016; 황은희 외, 2019). 그리고 미래 교육에 대한 특징 및 요구를 '교육 패러다임의 전환', '학력관의 변화', '교육 가치 실현', '미래지향적 교육혁신' 등과 같이 무게감 있게 제시한다. 즉, 미래 교육에서 강조하는 역량 또는 핵심역량을 기반으로 하는 활동이 이러한 특징 및 요구를 내포해야 하는 이름으로 '역량기반 학습'이나 '역량기반 수업'은 그 의미 범위가 다소 한정적이었을 것이다. 따라서 '교육'이란 용어를 사용하여 '역량기반 교육'으로 부르고, 표기하였다고 해석한다.

그렇다면 여기에서의 '교육'은 학습이나 수업의 개념보다 넓은 범위의 무언가 더 가치로우며, 의미 있고, 심지어 신성해 보이기까지 하는 거창한 의미로 자리한다는 것을 짐작할 수 있다. 따라서 지금의 '역량기반 교육'이 '교육'이라는 이름에 걸맞은 활동이 되기 위해서는 어떠해야 하는지, 그리고 지금의 개념에서 무엇을 더 보완해야 하는지에 대한 깊은 고민의 시간이 필요하다고 생각하여 Ⅳ부에서는 최종 단계로 '역량기반 교육'에서 교육에 좀 더 무게를 둔 '역량기반 교육' 개념의 이론적 확충을 탐색하고 제안해 보고자 한다.

제10장

교육 개념의 이론적 토대

존 듀이(John Dewey)와 장상호의 교육이론에 비추어 '역량기반 교육'의 개념적 내실화를 위한 이론적 확충을 논의하고자 한다. 먼저, 여러 교육이론 중 이 두 교육이론을 선택한 이유는 듀이의 경우 결과 위주의 기능적 교육관을 가진 자들이 외면한 교육의 내적인 측면을 끊임없이 추궁함으로써 교육의 실재에 좀 더 가까이 다가가려고 노력하였고, 장상호 역시 '교육이란 무엇인가'라는 질문에 집요한 탐색을 하여 교육학의 자율화를 천명한 이론체계를 구축해 교육본위론(敎育本位論)이라 불리는 교육의 자율적인 개념 체제를 제안하였기 때문이다. 즉, 이 두 학자의 이론은 교육을 교육 아닌 것과 구별하는 데 초점을 두고 그 나름의 기준을 이론적으로 제시하였기 때문에 이들이 제시한 교육의 자율적인 사고체계를 기틀로 기존의 '역량기반 교육'이 역량의 개념에 치우쳐 논의되었던 개념 체제를 균형 잡기 위해 '교육'을 본질로 '역량기반 교육' 개념의 이론을 확충해 보고자 한다.

1. 존 듀이의 교육이론

교육의 이론과 실제에서 듀이만큼 큰 비중과 영향을 미친 인물도 드물다. "교육은 경험의 재구성"이라는 유명한 말을 남긴 미국의 교육학자이자 철학자인 듀이는 인간을 "살아있는 유기체(organism)"라고 규정하고, 이전과 다른 새로운 '경험'을 중요한 개념적 조건으로 제시하여 새로운 교육이론을 정립하고자 하였다.[32] 그는 프래그머티즘(Pragmatism)을 이용하여 자신의 사상을 표현한다.

32) 존 듀이의 교육이론은 해석과 평가가 다양하고, 다각도에서 많은 연구가 이루어졌을 만큼 그 원리 체계와 내용은 실로 방대하다. 따라서 이 책에서는 제시하고자 하는 교육적 조건을

프래그머티즘은 '행위(conduct)'를 위한 사유방식으로 무엇보다 경험을 중요시한다. 특히 프래그머티즘은 생물학적 관점을 바탕으로 인간이 환경과의 관계에 놓여 있기에 여러 변화를 겪게 된다는 주장도 한다. 듀이는 이 유기체가 다음의 특성을 가지며 그래서 환경과의 상호작용이 필요다고 주장한다. 첫째, 생물학적 사고에 기반해 유기체는 원자로 따로 떨어져 살 수 없고, 둘째, 그래서 다른 유기체 혹은 다른 무생물과 서로 얽히고, 설켜 상호 연관성을 맺으며 살아간다. 셋째, 또한 유기체가 잘 살아가기 위해서는 그에 맞는 적절한 환경조건도 필요로 한다. 이러한 유기체의 특성을 인간과 환경과의 관계에 적용한다. 유기체는 서로 관계를 맺으며 서로 간 필요한 것을 주고받으며 살아가는 데 이때 단순 기계적인 반복이 아닌 화학적인 특성을 띠며 이를 상호작용(interaction)을 넘은 질적변화인 교변작용(transaction)이라고 한다. 이는 인간과 환경이 서로 무엇을 주고받음으로써 교변작용인 '경험'으로 성립된다는 말로 해석할 수 있다. 교육적 측면에서 다시 해석하면 인간은 '아동'이고, 환경은 '교과'이며 이 둘이 서로 계속성과 상호작용으로 교변작용인 경험의 재구성을 통해 '성장'을 하게 되는 것이다. 따라서 이때 교과의 선정과 목표설정은 아동의 발달 수준에 맞아야 하며, 이로써 아동의 흥미가 유발되며 그로 인해 활동에 몰입할 수 있고 그 결과 경험의 질적변화인 성장과 발달을 이루게 된다는 것이다. 이러한 경험은 '계속성의 원리'와 '상호작용'의 두 원리로, 서로 분리될 수 없는 관계에 있다. 즉, 이 두 원리는 상호 견제하면서 동시에 하나로 묶여 있다.

이들을 경험의 종적인 측면과 횡적인 측면으로 설명할 수 있다. 종적인 측면은 이전의 경험이 이후의 경험으로 이어지는 경험의 계속성을 뜻하고, 반면에 어떠한 경험을 한 결과로 주위의 환경이 재구성되고, 그렇게 재구성된 환경과 교섭을 하게 되는 경험의 상호작용은 경험의 횡적인 차원을 형성한다. 이러한 경험의 수직적이며 수평적인 지평의 확대로 인하여 경험은 부단히 새롭게 재구성되는 가운데 성장하는 것이다(엄태동, 2001 : 60). 이 계속성의 원리와 상호작용의 원리가 능동적으로 결합하게 되면, 그것은 어떠한 경험이 과연 교육적으로 중요하고

설명하는 데에 필요한 부분만 기틀로 삼아 논의하고자 한다.

가치가 있는 것인지를 평가하는 데에 사용할 수 있는 척도가 된다.

듀이는 그의 교육이론에서 교육의 내재적 가치도 매우 중요시 하였다. 하지만 종종 그의 주장에 대해 전혀 다른 해석을 내리는 학자들(Peters, 1996; 이홍우, 1990 등)도 있다. 하지만 이에 반기를 들고, 듀이의 주장을 바로잡으려고 애쓰는 학자들(박철홍, 1995; 엄태동, 2001; 이돈희, 1992, 2020; 최성욱, 2018; 등)도 있다. 그중 한 사람인 최성욱(2018)은 그의 저서 「커리큘럼과 수업의 성찰」에서 이 부분에 대해 매우 치밀한 해석을 통해 오해를 바로잡으려 애썼다. 그 내용을 차용하여 듀이의 내재적 가치에 대한 주장을 올바로 소개하고자 한다.

> 듀이는 "교육의 과정은 그 자체 외의 다른 목적을 가지지 않으며 교육 그 자체가 목적(Dewey, 1916a/1987, p.82)"이라고 힘주어 강조한다. … 하지만 많은 이들은 듀이가 교육의 내재적 가치를 부정하고 그것을 단지 수단적인 것, 더구나 실제적 생활의 공리적 목적에 유용한 수단으로 전락시켰다는 비판을 가하는 이들도 있다(Peters, 1977, p.121; 이홍우, 1991, pp.144-155). 그들의 비판은 지식의 문제에 대하여 듀이가 취한 도구주의의 내용을 거의 그대로 교육에 대한 입장을 나타낸 것으로 오인한 데서 생긴 것이다(김규욱, 2001; 엄태동, 2001). 말하자면 그들의 비판에는 지식의 문제와 교육의 문제는 같은 것이라는 전제가 깔려 있고, 그 전제는 다시 교육은 지식을 습득하는 일이라는 기능주의적인 도식에 근거하고 있다. 이 때문에 그들은 지식의 도구성을 강조한 듀이의 주장을 교육의 도구성을 언급한 것으로 해석한 것이고, 교육의 도구성은 다시 실제적 목적에 봉사하는 것으로 자의적인 해석을 해버린 것이다. … 그런데 정작 그들이 비판한 듀이는 자신의 이론 속에서 지식으로 대표되는 교과와 교육을 엄연히 다른 범주의 것으로 구분한다(Dewey, 1992). 그뿐만 아니라 그의 도구주의는 지식이 단지 실용적인 이익을 얻기 위한 수단이 아니라는 점을 극구 강조한다(최성욱, 2018, p.330).

이상과 같이 듀이의 본래 의도는 기능주의적 입장에서 교육을 지식 습득을 위한 도구로 바라보지 않고, 교육을 교육 아닌 것들이 지닐 수 있는 가치와 구분하여 나름의 가치를 내징하고 있다는 점을 주지하려던 것이다. 듀이는 교과의 가치에서 자신이 말하려는 교육의 가치를 구하기도 하였다. 듀이는 교과를 교육을 위한 도구로 삼고, 학습자와 상호작용하는 가운데 학습자의 발달에 도움이 될 경우에만 이를 교육적인 가치가 있는 것으로 받아들였다. 그리고 여기에서 주의할 점은 특정한 학생에게 교육적인 가치가 있는 교과라고 해서 그 교과의 가치가 곧 보편적인 교육의 가치가 되는 것은 아니라고 하였다. 다시 말해 학생들의 발달 수준 즉, 눈높이에 맞추어 교과의 수준과 목표를 제시 즉, 경험과 경험의 재구성의 차이를 고려하여야 한다는 점을 시사한다.

'역량기반 교육'에 있어 지금까지 살펴본 듀이의 경험적 재구성은 '역량기반 교육'을 보다 가치 있는 교육적 경험으로 재규정하는 데 많은 도움이 될 것이다. 해외의 연구에서 사용되는 'competency' 혹은 'competence'가 우리나라에서는 '역량'으로 번역되어 사용되고 있으나, 역량에 대한 합의된 정의는 아직까지 존재하지 않는다. 이를 주제로 역량의 의미를 탐구한 연구들(박용호, 2018; 소경희, 2007; 한혜정, 2020 등)이 진행되기도 하였지만 여전히 역량과 핵심역량을 같은 의미로 사용하거나, 학교 현장과 직업현장에서의 그것과 의미를 혼동하는 등 역량에 대한 개념적 혼란은 여전한 것으로 보인다.

이 책에서는 기존 문헌들이 역량을 어떻게 개념 정의하였는지를 필수조건 추출을 바탕으로 다음과 같이 명료하게 정의한다.

> "역량이란, 실제상황에서 발휘될 수 있는 수행능력과 지식, 기능, 가치 및 태도 등 다양한 개인의 내적 특질이 상호 긍정적인 작용을 하여 업무성과, 경제적 이익 창출, 문제해결, 직무효율, 기타 개인의 성과 등을 내는 것으로 해석할 수 있고, 이러한 역량은 학습을 통해 길러지고, 발현될 수 있다는 가정이 포함되어 있다"

여기에서의 실제상황이란 앞서 '역량기반 교육'의 개념 체제 분석 결과 실제상황은 미래사회를 대변하는 지식기반사회로 의미가 확장됨을 확인한 바 있다. 따라서 지금의 '역량기반 교육'에서의 환경이란 이 지식기반 사회를 가리키며, 아동의 경험이 수평적으로 확장됨과 동시에 계속해서 변화하고 있는 환경 즉 지식기반 사회와도 수직적인 상호작용으로 지평의 확대가 이어진다면 아동의 질적 성장을 통해 교육적 경험과 함께 역량이 함양되고, 함양된 역량이 발현되어 긍정적 결과물을 거두게 될 것이다.

어찌 보면 지금의 '역량기반 교육'은 이러한 방법을 알고 있는 듯하다. 이들이 내세운 가설을 보면, 기존의 지식(이론)전달 수준에만 머무르는 것이 아닌, 이를 실제 삶에 적용시킬 수 있는, 즉, 환경과의 상호작용이 필요하다는 주장을 내세우고 있기 때문이다. 하지만 문제는 정작 실행단계에서 그것을 실천하지 못한다는 데 있다.

듀이에게 있어 교육적 경험은 미래의 경험을 지시해주고 문제해결의 반성적 사고를 지닌 경험이다. 듀이는 상호관련을 파악하는 반성적 사고가 경험의 재구성 과정에 반드시 작용한다는 사실을 강조하였고, 이 반성적 사고는 '문제의 제기 → 문제의 인식 → 현상 분석 → 가설 정렬 → 가설의 검증'이라는 5단계의 사고과정을 의미한다. 지금의 '역량기반 교육'은 가설설정만 있을 뿐 그 가설을 검증하는 과정이 부재하다.

또한, 이 역량이 몇 회에 걸쳐 수행하는 프로그램 혹은 활동을 통해 즉각 함양되고 발현될 수 있을까, 만약 그것이 가능하다면 우리는 지금의 고민을 할 필요가 없을 것이다. 그럼에도 불구하고 학교 현장에서 실행되는 '역량기반 교육'을 살펴보면 '역량기반 교육' 즉 역량기반 프로그램들은 계속성의 원리를 간과한 채 대부분 특정 기간 동안 보여주기식 프로그램 운영에만 그치고 있는 경우가 많은 것으로 확인되었다.

'역량기반 교육'이 교육적 가치와 더불어 제시한 목적을 달성코자 한다면 듀이가 강조한 경험의 계속성과 재구성, 그리고 상호작용이 이루어져야 할 것이다. 즉, 역량기반 프로그램의 설계와 운영에 있어 각 핵심역량별 프로그램의 계속성과 재구성 그리고, 그리고 또 그것들 간의 계속성과 재구성을 반성적 사고와의 관계 속에서 끊임없이 연속해야 한다. 이를 그림으로 나타내면 [그림10 - 1]과 같다.

그림 10-1 '역량기반 교육' 경험의 재구성

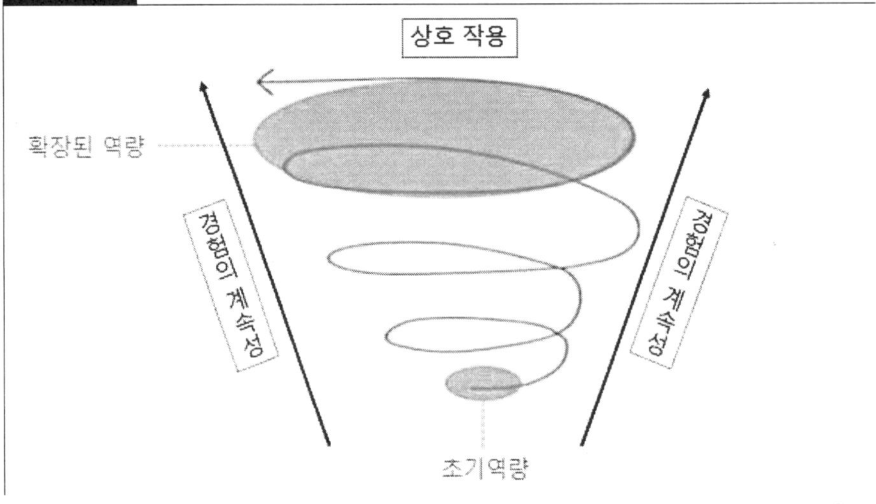

이러한 경험의 계속적 재구성과 상호작용이 실현될 경우, '역량기반 교육'은 교육의 내재적 목적인 학습자의 성장과 함께 역량함양이 무한히 발전되어 갈 것이다.

2. 교육본위론[33]의 교육이론

서양의 교육학자 듀이가 경험의 수직적-수평적인 지평의 확대로 경험의 계속성의 원리와 상호작용의 원리로 그의 교육이론을 내놓았다면 동양에는 장상호가 상의관계(相依關係)와 대위관계(對位關係)로 협동교육의 수레바퀴모형을 창안해 교육의 독자적인 구조와 내재율을 밝힌 "교육본위론"이 있다.[34] 학습에 초점을 둔

33) 이 책에서는 장상호의 교육본위론에서 말하는 교육의 개념을 직접적으로 적용하기보다는 교육에 관한 논의에서 고려해야 할 이론적 맥락의 자율성을 '역량기반 교육'에 좀 더 반영할 필요가 있다는 점에 초점을 두어 논의함을 미리 밝힌다.

34) 교육을 자율성을 지닌 고유한 삶의 양상 가운데 하나로 파악하고, 교육의 독자적인 구조와 내재율을 방대한 이론으로 밝힌 '교육본위론'을 본 연구에서 상세히 소개하기에는 어려우며, 이는 본 연구의 목적이 전도되는 것이므로 듀이의 교육이론을 소개한 양식과 같이 본

듀이의 교육이론에 비해 교육본위론은 교수-학습 양방의 전체 교육의 의미를 파악하였다는 데 차이점이 있다. 인간의 삶은 교육뿐 아니라 정치, 경제, 사회, 문화, 종교, 교육 등 여러 가지 서로 다른 다양한 이질적 세계들로 이루어진 복합체이다. 이 중 교육을 삶의 한 특수한 양상으로 봄으로써 오랜 시간 이어져 온 "학교태=교육"이라는 교육에 대한 그릇된 문제의식을 깨닫고 그 누구도 실천하지 못했던 고유한 관점에서 교육의 세계가 갖는 내재성을 밝히고자 하는 목적에서 교육본위론이 시작되었다.

우리의 삶은 다양한 종류의 세계가 교차하는 영역에 위치하고 있으며, 그중 어떠한 세계를 선택하느냐 혹은 우선시하느냐에 따라 그 현상을 해석하는 관점은 달리 규정된다. 즉, 우리가 어떠한 세계를 가장 중요하게 여겼을 때, 그 세계는 전면으로 부각이 될 것이고, 그 세계를 둘러싼 여타의 다른 세계들은 배경으로 후퇴될 것이다. 이때 다양한 세계들 가운데 어느 특정한 하나의 세계를 선택하고, 중심 기준으로 삼는 것을 '본위(本位)로 삼는다'라고 말한다. 즉 본위는 "우리의 삶에서 특정한 세계를 중심에 놓고 그 안의 것을 내재적인 것 혹은 본질적인 것으로 보고, 여타의 세계를 외재적인 것 혹은 지엽적인 것으로 간주하는 관점과 태도를 지칭한다(장상호, 2009a : 425)." 따라서 우리의 삶에서 무엇을 본위로 삼느냐에 따라 내재와 외재, 중심과 주변, 목적과 수단, 본질과 비본질 등이 달리 규정된다. 즉, '우리는 왜 교육을 하는가?'라는 질문을 던져보았을 때, 본위 선택에 따라 교육을 하는 동기나 목적은 달라질 것이다. 교육을 하는 일차적인 동기나 목적이 내재적 즉 '교육 안'의 것에 해당하는지, 아니면 외재적 즉 '교육 밖'의 것에 해당하는지 등에 따라, 같은 행위를 하고 있지만, 그 초점을 어디에 두느냐 하는 그 본질은 상반되게 해석될 것이다.

교육본위론에서 말하는 교육의 구조를 이해하기 위해서는 '상구(上求)와 하화(下化)', '교육의 수레바퀴 구조'와 같은 요소들을 이해해야 한다. 먼저, '상구(上求)와 하화(下化)' 혹은 '상구교육'과 '하화교육'의 개념은 불가(佛家)의 상구보리(上求菩提), 하화중생(下化衆生)이라는 말에서 차용한 것으로서 대체로 통속적인 말인

연구 문제해결을 위한 파트만 소개하고자 한다.

'배움'과 '가르침'에 대응한다. 상구(上求)는 자신이 위치한 현재의 수준에서 '위로 올라가는 활동'을 뜻하고, 하화(下化)는 자신이 위치한 현재의 수준에서 '아래로 내려가는 활동'을 뜻한다. 따라서 상구교육은 자신의 수준을 한 단계 높이기 위해 배우는 과정이며, 반대로 하화교육은 자신이 이미 체득한 것을 다른 사람에게 재생시키기 위해 아래로 내려가서 도와주는 과정이다. 교육의 구조는 이 '상구(上求)와 하화(下化)'라는 두 요소가 어떠한 관계를 맺으며 교육이라고 하는 하나의 체제를 구성하는지 밝혀내야 한다고 했으며, 그 방법으로 [그림 10-2]와 같은 '교육의 수레바퀴 모형'을 제시하였다.

그림 10-2 교육의 수레바퀴 모형(장상호, 2020)

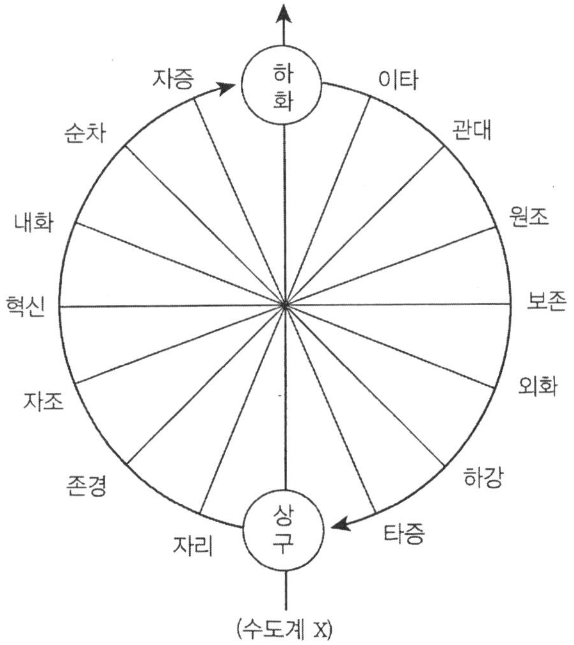

이 14가지 요소들이 어떤 상호관계를 맺음으로써 교육의 수레바퀴를 움직이는지 살펴보자[35)]

35) 장상호는 교육의 구조를 교육의 수레바퀴 모형으로 집대성하였고, 이를 그의 여러 저서와 논문(2003 : 93-94, 2005;576-586, 2009;71-132)에서 소개하였다. 그는 최근 「교육

먼저, '자리 - 이타(행위의 동기)'는 상구로서의 '자리(自利, self - love)'와 하화로서의 '이타(利他, altruism)'의 대비적 조화를 말한다. 상구로서의 자리는 자신의 결핍됨을 풍요로운 것으로 대치하려는 동기에서 출발한다. 이때, 하화로서의 이타는 나 자신보다 후진에 대한 연민과 헌신, 그리고 사랑을 토대로 한 모습을 취한다. 따라서 행위의 동기 차원에서 상구자와 하화자가 자리 - 이타의 상호관계를 맺을 때 교육의 수레바퀴는 정상적으로 작동된다. 하지만 권력, 돈벌이, 지위 등과 같은 세속계[36]적인 동기나 최고가 되겠다거나 최신의 품위(trans - talent)[37] 만을 획득하려는 동기와 같은 외재적 동기에 지배된다면 교육의 수레바퀴는 작동하기 힘들 것이다.

둘째, '존경 - 관대(품차[38]의 양해)'는 상구로서의 존경(尊敬, wisdom-respecting)과 하화로서의 관대(寬大, foolishness-respecting)의 대비적 조화를 말한다. 상구로서의 존경은 현재 자신의 한계를 알고 상위 품위를 가진 선진을 존중하는 태도를 말한다. 반면 하화로서의 관대는 후진이 어리석게 보이는 것이 당연하겠지만 상구자가 다른 대안적인 품위를 습득하기 전까지는 상구자의 현품을 이해하고 존중해주는 태도 즉 '하화적 양해'가 요청된다. 이와 같이 존경 - 관대가 상호관계를 맺을 때 교육의 수레바퀴는 정상적으로 작동된다. 하지만 '저압제(低壓制, oppression from below)' 즉, 후진이 선진의 품위를 그의 수준에 맞게 해석・평

학의 재건」, (2020)을 출간하여 이 교육의 수레바퀴를 재정비하였다. 따라서 이 책에서는 최근에 수정・보완된 교육의 수레바퀴 모형을 연구의 토대로 삼았다.

36) 세속계와 대비되는 '수도계'란 용어를 이해하면 세속계에 대한 이해가 쉬울 것이다. 수도계(transcendental world)란 교육본위론에서 교육의 총체성을 그려내기 위해 교육과 특별히 연관되지만 그것과 구별된 세계를 의미하며 인간적 위대성의 성취를 목표로 하는 즉, 인간의 잠재 가능성을 끊임없이 실현시켜 나가는 내재적 가치에 의의를 두는 것으로 진리를 추구하는 학문, 선을 추구하는 도덕, 미를 추구하는 예술이 전형적이다. 장상호는 이 '수도계'를 상정하여 그것을 거점으로 교육의 전체적인 윤곽을 드러내는 방식을 택하였다.

37) 품위(transtalent)란, 고양된 인간성의 성취를 목표로 삼는 수도계에서 각 단계의 위계를 나타냄, 변화, 가변성을 뜻하는 trans와 재능, 소질을 의미하는 talent를 결합시켜 transtalent로 표기한다. 즉, 수도계에서 이전의 것을 지양하고 더 높은 수준의 것을 실현시켜 나가는 가운데 인간성의 위계가 출현하며, 그 종적 위계를 '품위'라는 개념으로 규정하였다.

38) '품차(品差)'란 수도계적 인간관계에서 선진과 후진간의 품위수준의 차이를 말한다.

가하려는 태도를 보인다던가, 혹은 '고압제(高壓制, oppression from above)' 즉, 선진이 후진의 지식을 그의 수준에 맞게 해석·평가하려는 태도를 보인다면 교육의 수레바퀴는 작동하기 힘들 것이다.

셋째, '자조-원조(협동의 책무)'는 상구로서의 자조(自助, self-help)와 하화로서의 원조(援助, helping others)의 대비적 조화를 말한다. 상구로서의 자조는 스스로 문제를 발견하기, 새로운 가능성을 탐색하기, 체험의 재구성하기 등 스스로 자신과 싸우는 능동적인 노력을 하는 것을 말한다. 하화로서의 원조는 상구자에게 이미 알고 있는 답을 모르는 척하거나, 호기심을 자극하거나, 미래를 예고하는 등 상구자와의 적당한 거리를 두면서 제반 길잡이의 역할을 하는 것을 말한다. 즉, "하화는 상구를 촉진하는 하나의 수단(장상호, 2009 : 370)이 되는 것으로 이미 형성된 자신의 지식을 제자에게 전달해주는 활동이 아니라 그것을 재창조하는 과정을 돕는 역할을 한다. 이와 같은 협동 활동의 형식 차원에서 자조-원조의 상호관계를 맺을 때 교육의 수레바퀴는 작동된다. 하지만 상구자가 하화자 즉 스승에게 전적으로 의지하면서 아무런 노력도 하지 않고 정답만을 얻어내려고 하거나 반대로 하화자가 상구자 즉 제자가 질문을 던지기도 전에 혹은 그 질문에 대한 해답이 분명해지기도 전에 먼저 해답을 제시하려고 한다면 교육의 수레바퀴는 작동하기 힘들 것이다.

넷째, '혁신-보존(변형의 방향)'은 상구로서의 혁신(革新, renovation)과 하화로서의 보존(保存 : conservation)의 대비적 조화를 말한다. 상구로서의 혁신은 자신의 품위의 한계와 결핍을 지각하고, 기존의 친근하게 여겼던 것을 해체하고, 새로운 것을 수용함으로써 한계와 결핍을 극복하는 과정이다. 하화로서의 보존은 하화자는 과품을 보존하여 후진이 자신의 경로를 거치도록 도와야 하는 책무를 수행하고, 상구자는 자신의 품위의 충만함을 인정하고 상대의 이질적인 것을 자신의 친근한 것으로 포섭하고 동화시키는 과정이다. 이와 같이 변형의 방향 즉, 혁신-보존의 상호관계를 맺을 때 교육의 수레바퀴는 정상적으로 작동된다. 하지만 상구자가 자신의 미품을 실현하려고 노력하기보다는 현품에 안주하려 하거나 하화자가 그의 현품을 근거로 하여 후진의 품위를 무시하는 경우, 또는 선진이 자신의 언어를 단지 반복적인 연습을 통하여 습득시키려고 하거나 후진이 선진의 언어를 단순히 모방하려 든다면 교육의 수레바퀴는 작동하기 힘들 것이다.[39]

다섯째, '내화-외화(환경과의 교섭)은 상구로서의 내화(內化)와 하화로서의 외화(外化)의 대비적 조화를 말한다. 세상은 계속해서 변화한다. 상구로서의 내화는 지금의 좁은 틀 안에서 벗어날 수 있는 좀 더 넓은 환경에 자신을 개방하고 그에 따른 위기와 문제를 해결할 수 있는 내부적 재조정의 과정을 말한다. 하화로서의 외화는 하화자가 후진에게 문제가 없음을 문제가 있는 상황으로 유도하여 후진이 해결할 문제 사태를 찾아 제시한다. 선진과 후진의 환경은 서로 다르다. 개체와 환경은 언제나 상호작용한다. 외부의 환경은 언제나 문제를 야기하는 구조이며, 개인의 품위를 변화시켜 그 불균형의 문제에 대처하는데 내화-외화는 이러한 환경과의 교섭을 통해 점점 복잡해지는 문제와 좀 더 정교하게 되는 끊임없는 작용(action)과 반작용(reaction)이 이루어지고, 교육적 주체는 그 차이를 절충한다.

여섯째, '순차-하강(단계의 접속)'은 상구로서의 순차(順次, progressive order)와 하화로서의 하강(下降, regressive order)의 대비적 조화를 말한다. 상구로서의 순차는 차상품 즉, 일시에 최선의 품위를 추구하기보다 차선의 것을 표적으로 하여 전진하는 것을 말한다. 반면 하화로서의 하강은 자신의 현품을 당장 후진이 가질 수 있다는 기대를 접어두고 후진이 위치한 곳까지 역진하여 그곳에서부터 하화교육을 추진해가는 과정을 말한다. 이와 같이 순차-하강은 상호관계를 맺을 때, 교육의 수레바퀴는 정상적으로 작동된다. 하지만 상구자가 처지와 분수를 지켜서 처음부터 성실하게 다져나가는 자세를 견지하지 않는다거나 하화자가 상구자에게 적절한 상구의 소재보다 지나치게 높거나 낮은 소재를 설정한다면 교육의 수레바퀴는 작동하기 힘들 것이다.

마지막으로, '자증-타증(품차의 입증)'은 상구로서의 자증(自證, self-awareness)과 하화로서의 타증(他證, inducing other's self-awareness)의 대비적 조화를 말한다. 상구로서의 자증은 한층 더 높은 품위를 획득하고 나서 이전의 품위가 갖는

---

39) '현품(現品)'은 개인이 현재 지니고 있는 특정 수도계의 품위를 말하고, '과품(過品)'은 과거에 이미 획득한 품위를, '미품(未品)'은 미래에 획득해야 하는 품위를, '차상품(次上品)'은 현재의 품위 수준보다 한 단계 위의 것을 말한다.

어리석음과 새로운 품위의 고귀함을 스스로 깨닫는 것을 말한다. 하화로서의 타증은 후진을 자신의 품위수준에 가깝게 올려주고 그의 품위가 후진의 것보다 높다는 것을 추후에 깨닫게 하는 것을 말한다. 이와 같이 자증-타증이 상호관계를 맺을 때, 교육의 수레바퀴는 작동된다. 하지만 자신의 판단이 무조건 옳다고 고수하는 유아론적 주장을 고집하거나 제 3자적 기준에 비추어서 평가하는 행위 즉, 주위 사람들의 칭찬과 비난 내지 전문가에게 품위의 판단을 전적으로 위임해버린다면 교육의 수레바퀴는 작동하기 힘들 것이다.

이렇듯 교육은 상구(교육)와 하화(교육)의 독자성이 확보되거나, 그 독자성의 기반위에 서로 상호작용을 하면서 공조적 관계를 구성할 때 제대로 작동된다. 이 둘의 긴밀한 조합과 상호 호응에 의해 교육은 하나의 자율적 체제로써 그 질서를 공고히 다져나간다(최성욱, 2016).

이상의 교육본위론에 의하면, '역량기반 교육' 활동이 교육을 구현한 것이라는 인정을 받기 위해서는 이 '교육의 내재율'에 부합해야만 한다. 교육의 내재율은 특정 활동이 교육과 유관한지를 판단하는 기준으로, 최소한의 교육이 지켜야 할 원칙을 나타낸 것이다. 현재 시행되고 있는 2015 개정 교육과정이 2009 개정 교육과정에서 추구하는 4가지 인간상 – 자주적인 사람, 창의적인 사람, 교양있는 사람, 더불어 사는 사람 – 구현을 위해 제시한 핵심역량 여섯 가지 – 의사소통 역량, 공동체 역량, 창의적 사고 역량, 자기관리 역량, 지식정보처리 역량, 심미적 역량-가 교육의 소재로 실현되는데 필요한 내재율을 제시하고, 그 내재율을 얼마나 준수하는지를 기준으로 '역량기반 교육'이 교육적으로 얼마나 가치 있는지를 판단하는 이론적 기준으로 삼을 수 있다.

듀이가 이전의 경험 속에서 학습한 지식이나 기술이 뒤따르는 다른 상황을 효과적으로 이해하고 다루는 데 활용되는 도구가 된다는 경험의 계속성을 주장하였다면 장상호는 종적 수준에 따라 품위(trans-talent)의 등차를 나눠 상구교육과 하화교육이라는 내재적 가치에 의한 품차를 높이는 질서를 공고히 다져나가는 교육적 과정을 설명하였다. 또한, 듀이가 종적 경험을 통해 얻은 결과가 주위의 환경과 교섭하는 재구성된 경험의 상호작용을 횡적인 차원의 형성이라고 하였다면, 장상호는 좀 더 동양적인 사고의 틀로 7가지 차원의 내재율로 협동교육을 설명하였다. 이렇듯 이 두 학자는 나름의 기준을 이론적으로 제시하여 교육을 교육 아닌 것과 구별하는 교육의 자율화를 천명하는데 앞장선 공통점을 가진다.

지금까지 살펴본 듀이와 장상호의 교육의 본래적인 가치나 내재적인 가치와 관련한 교육이론은 '역량기반 교육'의 새로운 교육적 가치를 높이는데 소중한 근거가 될 것이다.

제11장 역량기반 교육의 개념적 확충

'역량기반 교육'에 필요한 교육의 이론적 확충을 존 듀이와 장상호의 교육이론에 비추어 논의하였다. 이들이 교육을 교육 아닌 것과 구별하는 교육의 내적인 측면에 초점을 두고 제시한 교육의 자율적인 사고체계를 지금의 '역량기반 교육'에 잘 적용하여 실천한다면 다음과 같은 '역량기반 교육'의 개념적 확충 양상을 기대할 수 있을 것이다.

1. 경험의 계속성

앞서 듀이의 교육이론에 따르면, '역량기반 교육'이 교육적인 경험이 되기 위해서는 '경험의 계속성'이라는 조건을 충족시켜야 한다. 이는 '역량기반 교육'의 이론 확충을 위해서도 필요한 조건이다. 듀이가 말하는 경험의 계속성이란 해당 활동의 단순한 반복을 의미하는 것이 아니라 다양한 상황들이 서로 꼬리에 꼬리를 무는 계속성의 원리로 인하여 이전의 상황에서 이후의 상황으로 무언가가 전해지고 확장된다는 것이다.

앞서 '역량기반 교육'의 운영실태를 조사한 결과 현재의 '역량기반 교육'은 기존의 경험과의 공조를 이루기보단, 단절된 형태로 '역량기반 교육'을 위한 수업을 별도로 준비하여 운영하고 있었다. 그것은 교과 내용의 한 부분이 선택되기도 하고, 발표회, 운동회 등 교과수업 외 학교에서 이루어지는 활동 중에서 선택되기도 한다. 그리고 이것은 방과 후 시간이나, 정규 고사가 끝난 직후인 비교적 진도의 압박에서 벗어날 수 있는 기간에 프로젝트 혹은 프로그램의 형태로 비교적 짧은 기간에 진행되고 있었다.[40] 한편으론 정부주도이 '역량기반 교육'을 펼치고 있는 우리나라 학교 실정에서 '역량기반 교육' 연구학교, 정부재정지원 사업선정

등 구조적인 상황 속에서 어떻게든 '역량기반 교육'을 할 수 밖에 없는 모순적인 구조가 성립하고 있기 때문으로 해석할 수도 있다. 혹은 준비할 시간적 여유가 부족하여[41] '역량기반 교육'에 대한 고민의 여지 없이 바로 시행하였기 때문일 수도 있고, 이 책에서 제기한 '역량기반 교육'의 개념의 부실화 문제로 '역량기반 교육'을 올바로 이해하지 못한 데서 기인한 문제일 수도 있다. 이유가 무엇이든지 간에 지금의 '역량기반 교육'은 교과의 계속성의 원리는 물론, 학생들의 경험의 재구성에 대한 고려가 심도 깊게 이루어지지 못하는 실정으로 보인다. 이 문제를 교과, 학습자 경험 등 '역량기반 교육' 내적 요인의 계속성과 역량기반 프로그램 자체의 계속적인 운영을 말하는 외적 요인의 계속성 두 가지로 나누어 논의하겠다.

먼저, '역량기반 교육' 내부의 계속성 즉, 교과와 학습자의 경험에 대한 계속성의 부재에 대해 이야기해 보고자 한다.

학교 안에서 교육의 대표적인 소재는 교과이다. 그리고 그 교과는 지식으로 대변되기도 한다. 학교에서는 다양한 경험과 활동이 이루어지지만, 특히 교과, 즉 지식을 학생들에게 잘 전달하는 역할에 많은 책임 의식을 느끼고 있다.

사실 저자는 '역량기반 교육', '융합인재 교육', '스마트 교육' 등 시대별 트랜드에 따라 등장하는 다양한 '○○교육'들이 별도로 존재한다고 생각하지 않는다. 이 "○○"들은 교육안에 존재하는 개별적인 교육의 소재일 뿐 교육은 그냥 교육이다. 따라서 '역량기반 교육'을 이렇게 역량기반 프로젝트, 역량기반 수업, 역량기반 프로그램 등 별도의 이름을 붙여 시행하는 것은 올바른 방법이라고 생각지는 않는다. 교과는 기존의 축적된 검증과 보완・수정을 거듭한 교육을 위한 매우 훌륭한 도구이다.[42] 따라서 이 교과를 학습자의 발달 수준에 맞춰 적절히 제공하

---

40) 학교 현장(교사)에서도 프로젝트 혹은 프로그램이 단순 1회 성에 그쳐서는 안 된다는 것으로 알고 있다. 따라서 정해진 기간동안 나름의 전개 과정을 단계별로 설계하여 몇 회에 걸쳐 운영하고는 있지만 본 절에서 말하는 계속성의 원리란, 이러한 단순 누적적인 반복을 의미하는 것이 아님을 밝힌다.

41) 실제 '역량기반 교육'은 핵심역량의 중요성이 강조된 2015 개정 교육과정이 2015년 가을, 총론 발표에 이어 1년 반 만인 2017년에 초등학교 1, 2학년을 시작으로 학교 현장에 적용되었다는 사실만으로도 '역량기반 교육'이 매우 급하게 학교 현장에 도입되었다는 것을 알 수 있다.

고, 그에 따른 목표를 설정하여 계속성의 원리를 적용한 교육의 결과가 역량함양이거늘, 역량을 전면에 앞세우고, 역량을 예측 어려운 미래 사회를 대비할 수 있는 독보적인 대안으로 보는 관념에 사로잡혀 “교육을 함으로써 역량이 길러진다”가 아닌, “역량을 기르기 위해 교육을 한다”는 다소 우려되는 실천을 하고 있는 것으로 분석되었다. 따라서 역량을 기르기 위한 별도의 활동을 하는 것이 아닌 이전의 교과(지식) 즉, 경험이 이후의 교과(지식) 경험으로 이어지는 계속성의 과정 중에서 이것들을 단순 암기와 축적이 아닌, 경험의 변환을 통한 질적・구조적 성장이 이어질 수 있도록 교과를 계속성의 원리에 기반한 소재로 삼아 ‘역량기반 교육’을 해야 한다는 것이다.

그리고 이상과 같이 논의한 교과의 계속성과 한 묶음으로 살펴야 하는 또 다른 조건은 학습자 경험의 계속성이다. 듀이는 교과는 학습자의 성장단계와 무관하게 그 자체로 가치 있는 것이 아니라, 학습자와의 상호작용을 통해 경험의 성장에 도움이 될 때 비로소 교육적 가치를 갖게 된다고 하였다. 따라서 ‘역량기반 교육’을 실천하는 데 있어 교과의 계속성의 원리와 더불어 학습자의 경험의 계속성도 함께 고려되어야 할 것이다.

두 번째로, ‘역량기반 교육’ 실행의 계속성이다. 이를 지금의 ‘역량기반 교육’의 행태로 설명한다면 역량기반 프로그램의 계속・확장적인 운영이고, 교육본위론적 관점에서 이야기한다면 메타교육 소재로의 역량기반 프로그램이 될 것이다. 이를 그림으로 나타내면 [그림 11 - 1]과 같다.

42) 물론, 역사 국정 교과서 폐지 논란 등 교과가 간혹 문제의 중심에 서기도 하지만 필자는 보편적인 부분을 이야기함으로 오해가 없길 바란다.

그림 11-1 계속성의 원리를 적용한 메타교육적 '역량기반 교육'

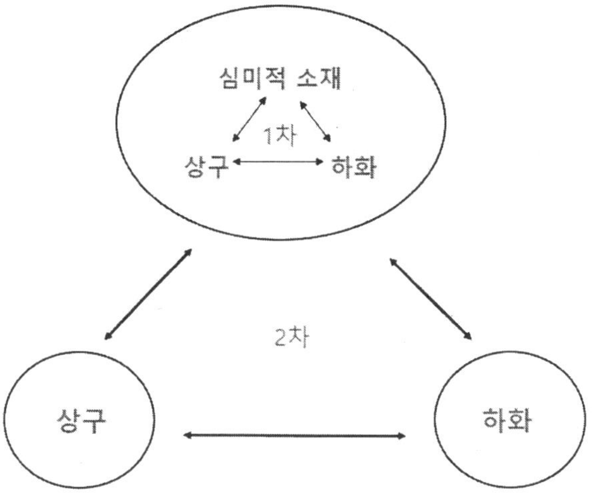

1차 원형 모식도 안에서 일어나는 교육은 심미적 소재를 상구하고, 하화하는 협동교육을 한 결과로, 심미적 역량이 함양되었음을 나타낸다. 만약 여기에서 그친다면 지금의 '역량기반 교육'과 교육을 본위로 삼았다는 점 외에는 별반 다르지 않을 것이다. 하지만 여기에 듀이의 계속성의 원리와 장상호의 메타교육을 적용하여 1차 소재를 다시 2차 소재로 삼는 교육을 교육하는 메타교육을 거듭하여 교과에서 별도의 주제를 선정하거나 발표회 혹은 운동회 등 한 번 하고 끝내는 단절된 역량기반 프로그램을 펼치는 것이 아닌, 이전의 역량기반 프로그램의 경험을 부단히 재구성하여 새롭게 확장해 간다면 질적변화 즉 역량의 무한한 성장을 기대할 수 있을 것이라 생각한다.

2. 상호작용

듀이가 말하는 교육적인 경험이 성립되기 위해서는 종적-횡적인 측면의 공조 즉, 경험의 계속성과 함께 상호작용이라는 또 하나의 조건을 만족시켜야 한다.

'역량기반 교육'에서 필요로 하는 상호작용이란 한 개인이 종적인 측면에서 경험을 지속적으로 확장 시켜 나갈 때 그 결과를 주위의 환경과도 재구성하여 수직-수평적으로 지평을 확대해 나가는 것을 말한다. 듀이는 이를 생물학적 관점에서 유기체가 화학적 반응을 일으켜 교변작용(transaction)을 한다고 설명한다.

사실 학교(교사)는 '역량기반 교육'에 이 상호작용의 필요성을 어느 정도 감지한 듯하다. 그 증거는 앞서 '역량기반 교육'의 교수학습 방법 적용 실태를 분석한 결과에서 찾아볼 수 있다. 그것은 교과 간 주제 통합수업의 운영이다. 모 초등학교는 '꼬마 농부들의 텃밭 일기'라는 이름의 프로젝트 활동으로 '국어', '도덕', '미술', '실과'의 관련 단원과 연계하여 융합 수업을 재구성하였다. 아마도 교과 간 통합을 하여 '역량기반 교육'을 실행하는 것이 더욱 효과적이라고 판단한 것으로 보인다. 즉, 분절적인 활동보다는 무언가와 상호작용이 이루어져야 한다고 직감하여 이렇게 교과 간 '융합 교육'이라고 하는 통합수업을 실행하거나, 학생들 간 교류 및 협력이라는 상호작용을 유발하기 위해 팀 기반 활동의 형태로 역량기반 수업을 진행하였던 것으로 보인다.

하지만 '역량기반 교육'이 필요로 하는 상호작용이란 이러한 교과 간 융합, 학생들 간 교류를 뜻하는 것이 아니다. 경험의 계속성에서 횡적으로 확장된 상호작용이란 이전의 경험이 이후의 경험으로 이어지면서 생겨난 경험의 결과가 또다시 주위의 환경과 교섭하고, 그렇게 경험의 재구성 과정에서 학습자가 보다 성장하게 되는 것을 의미한다. 이는 장상호의 교육의 수레바퀴로도 설명할 수 있다. 상구-하화의 대위관계인 협동교육으로도 설명할 수 있다. 장상호가 말하는 상구교육 혹은 하화교육의 상위관계와 상구-하화 간의 대위관계들이 서로 대립하는 쌍을 이루어 연결되며, 서로 보완하고 자극하면서 또 다른 상위구조 내에서 또다시 공조하는 복잡한 관계 속에서 출현하는 전체적인 양상을 뜻한다.

'역량기반 교육'에서의 상호작용은 학습자의 발달 단계와 요구에 맞춰 경험을 제공하고, 학습자가 지닌 현재의 경험 수준의 한계를 극복하고 그것을 다음 단계로 재구성해 나갈 수 있는 힘을 말한다. 수많은 역량 중 반드시 갖추어야 하는 역량으로 추출된 핵심역량에 특성 지어 단시 기술적으로 훈련하고 연마하는 데 초점을 두어서는 안 된다. 그것이 학습자의 관심과 흥미의 대상이 되도록 해야 하며 그러기 위해서는 학습자의 발달 단계와 서로 맞아 어울리는지를 중요하게 살펴야 한다. 이러한 상호작용의 원리가 '역량기반 교육'에 능동적으로 결합하게 되면, 그것은 '역량기반 교육'이 좀 더 교육적으로 중요하고 가치 있는 것이 되는 데 가까이 갈 수 있을 것이다.

'역량기반 교육'에서 역량함양으로 대변되는 이 경험의 성장을 하기 위해서는 듀이가 '계속성의 원리'와 '상호작용의 원리'가 서로 분리될 수 없는 관계에 있다고 한 바와 같이 이 두 가지 조건을 동시에 고려해야 한다. 즉, '역량기반 교육'에서 경험의 성장이 이루어지기 위해서는 각 단계마다, 그다음 단계의 목표를 적절한 수준에서 설정하는 것이 중요하다. 이를 단계별로 설명하면 다음과 같다. 먼저 역량기반 활동 장면에서 학습자의 현재 능력과 주어진 여건을 고려하여 실현 가능한 목표를 설정한다. 이렇게 되면 학습자는 흥미와 관심을 갖게 될 것이고, 어렵지 않게 목표에 도달 즉, 성장할 수 있게 된다. 그리고 또다시 학습자의 높아진 성장단계를 고려하여 다음 수준의 목표를 순차적으로 높여 나가면서 경험이 유기적으로 상승해 나가는 과정을 거듭하게 될 것이다. 이것이 바로 듀이가 말하는 성장이며, 그 성장을 추구하는 내적 과정이 바로 교육인 것이다.

3. 교육의 자율성

'역량기반 교육'은 미래사회를 대비하기 위한 대안 중 하나로 등장하였다. 장상호는 교육의 문제를 해결한다고 할 때 선행조건의 하나가 고유한 지식 체계를 확보하는 것이라고 하였다. 장상호와 듀이처럼 교육을 외부의 관여나 간섭 혹은 침해 없이 고유한 영역으로 가정하는 이론적 입장에 의거해 '역량기반 교육'이 교육으로써 작용하기 위해서는 최우선적으로 역량과 교육을 구별된 사태로 보고, 각각의 사실적 관계를 개념적으로 구별하여야 한다고 생각한다.43) 즉, '역량기반

43) 이를 '교육의 자율성'이라 한다.

교육'에서 교육을 독자적인 삶의 양식으로 구별하여 개념화해야 한다는 것이다. 이를 그림으로 나타내면 [그림 11 - 2]와 같다.

그림 11 - 2 **'역량'과 '교육'의 개념적 구별 작업**

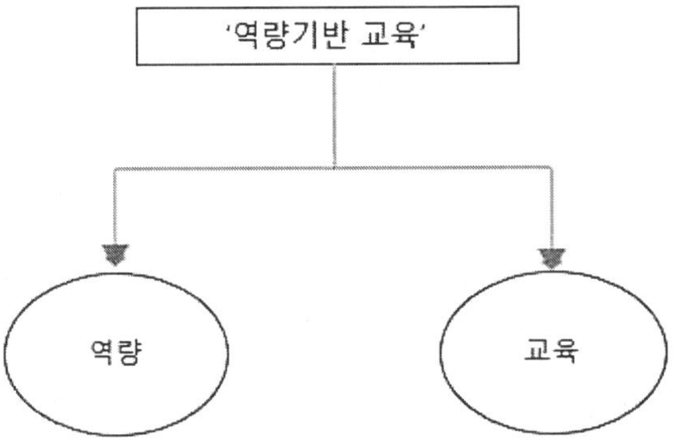

최성욱(2018)은 이러한 개념적 혼란을 다음과 같이 명쾌하게 설명하였다. 교육의 소재를 X, 교육을 Y라 하였을 때, X와 Y의 사실적 관계는 그 두 항이 개념적으로 구별된 사태임을 전제로 하여 성립한다. 통계학적으로 이를 가리켜 두 변인 간에 상호독립성이 성립한다고 말한다. 가령, 키와 몸무게는 그 범주의 속성 면에서 중첩되지 않기 때문에 상호 간에 독립성을 가진 것으로 가정하는 것을 예로 들 수 있다(최성욱, 2018 : 348). 따라서 학문적 세계는 일상적 태도로부터 벗어나 '학교태'와 '교육'을 구분하여야 한다.

역량과 교육은 서로 다른 가치와 구조를 가지며 이 둘은 공존, 지원, 협동이라는 조화를 이루며 서로의 발전에 기여할 수도 있고, 반대로 대립, 갈등, 상충하며 그것을 저해할 수도 있다. 이 상호 이질적인 두 영역이 각자의 성격을 간직한 상태에서 서로 조화를 이루며 협동하는 교차 지점에 진정한 '역량기반 교육'이 성립하게 되는 것이다. 이해를 돕기 위해 이것을 그림으로 나타내면 [그림 11 - 3]과 같다.

그림 11-3 '역량기반 교육'의 자율성 구조44)

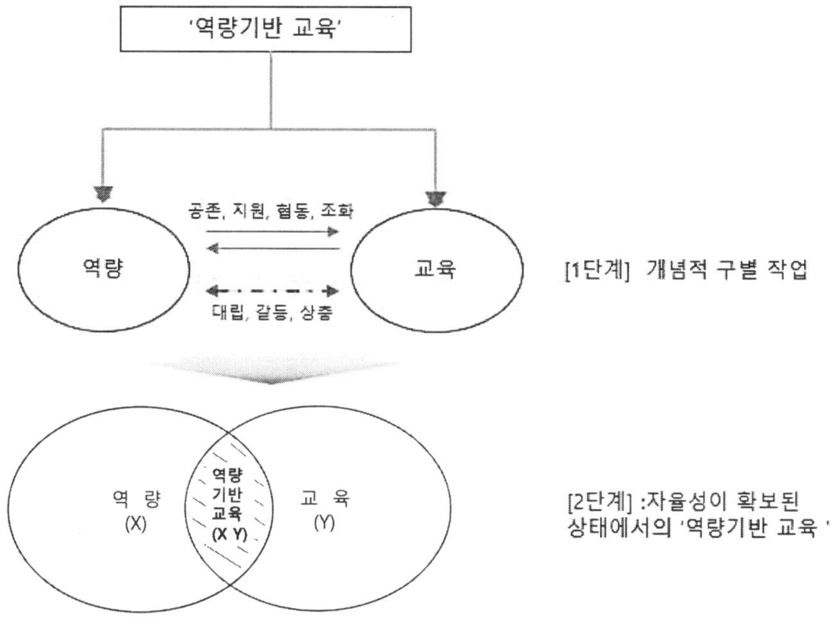

그렇다면 현재 '역량기반 교육'을 바라보는 인식과 태도는 과연 '역량기반 교육'에서 교육을 독자적인 삶의 양식으로 구별해 내고 있을까, 애석하게도 앞서 '역량기반 교육'의 개념 체제를 분석한 결과 지금의 '역량기반 교육'은 무의식적인 관습적 교육관이나 기능주의적 교육관에서 파생된 개념의 혼란과 왜곡으로 인해 '역량기반 활동=교육'이라는 전제를 당연한 것으로 받아들여 개념적 검증 절차를 생략한 채 '역량기반 교육'을 실천하고 있었다. 하지만 [그림 11-4]와 같이 '역량기반 교육'이라고 불리는 활동에는 교육적인 것과 아닌 것 등이 혼재한다.

44) '역량'과 '교육'을 이질적인 개념으로 분류해야 하며, 그러한 성격을 간직한 상태에서 서로 조화를 이루어야 한다는 내용을 그림으로 나타낸 것이지 이 둘이 동등한 구조를 이룬다는 의미는 아님을 미리 밝혀 오해를 줄이고자 한다.

그림 11-4 '역량기반 교육'에 내재된 교육의 자율성 구분

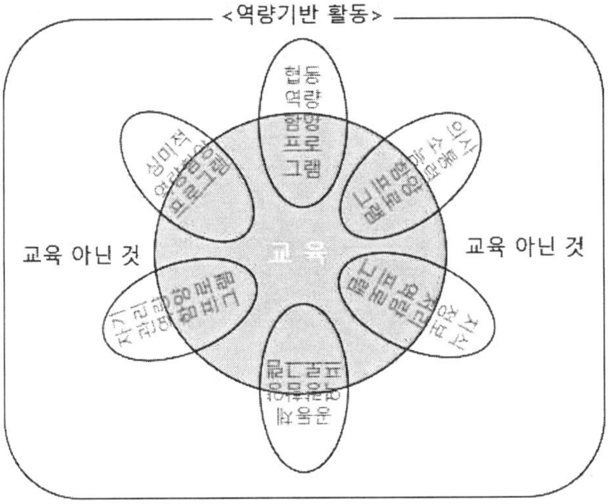

그럼에도 불구하고 학교 안에서 이루어지는 활동은 모두 교육이라고 생각하는 학교태와 교육의 동일시 오류는 '역량기반 교육'을 실천하는 장면에 어김없이 등장한다. 역량의 개념이 처음 태동한 직업 현장에서의 기능 중심의 역량이 아닌, 역량을 기반으로 하는 '교육'을 하겠다면 일차적 조건은 인간 삶의 한 맥락에서 자율적인 교육으로서의 '역량기반 교육'을 지각하여 기존의 상식적 태도에서의 '역량기반 교육'을 지양해야 할 것이다. 이상과 같이 '역량기반 교육'에서 교육의 자율성을 확보한다면 '역량기반 교육'은 보다 내실화를 갖추고 발전할 수 있을 것이다.

4. 교육의 내재적 가치

내재적 가치는 개별적 세계가 삶에서 각각 특정한 자리를 차지함으로써, 다른 것에 의해 대치할 수 없는 삶의 질에 대한 평가 기준으로 작용한다는 점에서 그 세계만의 직접적이고 고유한 가치라고도 할 수 있다. 그리고 다른 하나는 외재적

가치이다. 이는 그 세계 안의 활동 자체보다는 그것이 가져오는 외부의 이해타산, 보상, 기능적 수단이 되는 측면을 말한다(장상호, 2003 : 97).

내재적 가치와 외재적 가치의 차이를 조금 더 상세히 비교하면 다음과 같다.

첫째, 내재적 가치는 그 활동 자체가 그저 좋아서 추구하는 것을 말한다. 이 때문에 내재적 가치는 지속적이다. 이에 비해 외재적 가치는 원하는 목적이 달성되면 중단된다는 점에서 단기적이다. 둘째, 어떤 것의 내재적 가치는 오직 그 활동 안에서 얻을 수 있으므로 다른 것을 통해서는 얻을 수 없다. 반면에 외재적 가치는 얼마든지 다른 수단으로 대체가능 하다. 셋째, 내재적 가치는 활동의 목적이 활동 안에 있다는 점에서 그것의 종적 발전을 이끄는 견인차 역할을 한다. 반면에 외재적 가치는 수단이라는 시각에서 활동에 참여하므로 그 진지함과 열정 면에서 내재적 가치에 비할 바가 못 된다(최성욱, 2016 : 12). 즉, 교육의 내재적 가치는 교육 본래의 내재율에서 이탈하지 않는 여러 동기나 관심을 배제한 순수성을 의미하고, 교육이 외재적 동기에 의해 지배된다면 교육은 그 활력을 잃고 정지하게 된다.

외재적 동기 가운데 경계해야 할 부류는 첫째, 세속적 이해관계와 효용 의식의 개입, 둘째, 경제적 동기로 인한 이익 창출의 기대이다. 이 두 가지를 경계하지 않고, 무분별하게 받아들인다면 '역량기반 교육'은 모정의 결과 창출을 위해 학생들을 속박하고 가치판단을 약화시켜 짜여진 틀에 학생들이 억지로 끌려오는 형국이 될 것이다.

경제계에서는 인간도 물질이나 재화처럼 경제적 기능성에 의해서 그 존재 가치가 인정된다. 이는 현재 '역량기반 교육'에서 주체에게 요구되는 형상이라 할 수 있다. 그 원인을 역량을 중심에 둔 '역량기반 교육' 실천에서 찾을 수 있다.[45] 역량의 개념 체제 조건 중 수행능력, 성과중시가 '역량기반 교육'에서 행동주의 목표로 확장되어 학생들에게 다음과 같이 이익 창출을 위한 기능성을 요구하고 있다. 그것을 증명할 수 있는 개념 정의 기술 내용의 일부는 다음과 같다.

---

45) 이를 '교육' 중심의 시각에서는 교육에서 이탈한 것으로 볼 수 있으며, 이를 내재율의 이탈이라 한다.

'학생에게서 길러지기를 기대하는 구체적인 교육 성과', '광범위한 능력이나 가치를 통합한 총체적 수행', '실천능력 획득', '역할과 관련된 수행'

하지만 오해하지 말아야 할 것이, 내재적 가치는 좋은 것이고, 외재적 가치는 나쁜 것이며, 이 둘은 서로 배타적이라는 것은 절대 아니다. 현실적으로 교육은 내재적 가치와 외재적 가치의 양면을 모두 지니고 있다. 교육이 그 자체의 내재적 목표의 실현뿐 아니라 여타 세계를 위한 기능을 한다면 그만큼 가치가 증대될 것이다. 하지만 문제는 우리는 그간 전자의 것은 무시한 채 너무 후자의 것에만 관심을 가져왔다는 것이다. 이러한 외재적 가치에 치중한 상구-하화는 엄격히 말해 교육활동이 아닌, 기능 발휘를 더욱 잘하기 위한 준비과정에 불과하며, 내가 남보다 더 나은 기능 발휘를 함으로써 나의 가치를 상승[46]시켜야 하므로 서로 협력하는 관계가 아닌, 경쟁하는 상대로 전환되고 말 것이다.

'역량기반 교육'이 함양을 목표로 하는 역량 중 하나가 공동체 역량인데 이는 현재 '역량기반 교육'의 목표에도 어긋나는 모순적인 상황이다. 이러한 문제를 해결하기 위해서는 우선 교육의 본질 탐구가 이루어져야 하겠지만, 본 절에서는 간단한 해결책을 먼저 제시하겠다. 그것은 바로 전개의 순서이다.

'역량기반 교육'이 문제해결에 도움을 주고, 개인의 성과와 업무성과를 이루고 이를 통해 경제적 이익을 창출하는 결과를 보인다면 이는 매우 가치 있는 일이다. 하지만 중요한 것은 내재적 가치를 우선하고, 역량을 교육의 소재로 두어 교육이 목적이 되고 역량이 수단이 되는 '역량기반 교육'을 전개하여 그 뒤에 외재적 가치가 따라야 한다는 것이다. 만약 외재적 가치가 우선되어 교육을 소재로 삼는다면 그 '역량기반 교육'은 교육 아닌 교육으로서, 단순히 모정의 성과를 위한 반복 학습, 기술연마, 훈련, 혹은 보여주기식 활동에 그치는 왜곡된 '교육'이 될

46) 이는 학교에서는 선발, 석차, 진학, 입시 등에 해당하고, 직업 현장에서는 채용, 업무성과, 승진, 인사고과 등에 해당한다.

것이다. 실제 앞서 Ⅲ장에서 역량의 개념을 분석한 결과 역량 개념에 학습을 통해 길러지고 발현될 수 있다는 가정이 포함되어 있었다. 따라서 이러한 개념적 조건을 가지고 있는 역량을 중심에 둔 '역량기반 교육'은 역량을 기르기 위해 단순히 반복적인 학습활동을 할 수밖에 없는 구조이다. 하지만 교육의 내재적 가치에 기반을 둔 '역량기반 교육'은 순수한 교육활동에 몰입하여 현재 자신의 품위가 상위의 품위로 확장되고, 교육의 원동력인 상구교육과 하화교육의 공조가 증폭되어 외재적 가치까지 수반되는 교육과 역량이 조화를 이룬 '역량기반 교육'이 될 것이다.

지금까지 '역량기반 교육'에서 교육에 관한 이론의 확충을 위해 존 듀이와 장상호의 교육이론에 근거해 '역량기반 교육'의 개념적 조건을 제시하고 개념적 확충의 양상에 대하여 논의하였다. 이러한 시도가 '역량기반 교육'의 새로운 교육적 가치를 높이는데 소중한 근거가 되기를 바란다.

제12장 역량기반 교육의 내실화를 위한 조건

'역량기반 교육'을 개념적인 수준에서 판단하는 것도 중요하지만 그것의 효과나 의의를 사실적으로 검증하는 일도 그 주장의 타당성과 신뢰성을 경험적 차원에서 확보하는 것이므로 반드시 필요한 과정이며 이 양자의 관계를 확인해 볼 경우, 담론 질서를 바로 세워나갈 수 있으며, 내실화 조건의 완전체를 이룰 수 있다. 따라서 본 장에서는 '역량기반 교육'의 방법적 측면에 대한 내실화 조건에 대해 살펴보고자 한다.

1. 역량기반 교육 실천자 유의 사항

먼저, 역량기반 교육을 실천하거나 연구하고자 하는 자에게 다음의 사항을 유념하도록 제안한다.

첫째, 직업 현장과 학교 현장에서의 '역량기반 교육'은 그 결이 다르다는 것을 염두에 두어야 한다. 역량은 본래 직무를 성공적으로 수행하는데 필요한 능력이라는 의미로 직업 분야에서 주로 사용되던 용어였다(백남진, 온정덕, 2016). 3장에서 소개한 '역량기반 교육'과 관련 있는 대표적 고전 이론 – 과학적 관리이론, 인간 자본론, 신자유주의 사상 – 의 핵심 주장을 통해 직업 현장에서 추구하는 '역량기반 교육'의 특징을 도출하면 그것은 근로자의 효율적인 과업 수행, 훈련 기법, 선발 과정 등과 관련 깊고, 이를 통해 생산성을 향상시켜, 더 많은 부를 창출하기 위한 훈련에 가까운 활동으로 해석할 수 있다.

하지만 최근의 역량은 직업 영역에 한정된 것이 아닌 일반적인 삶의 상황과 관련된 능력이라는 의미로 확장되어 학교 현장에서 널리 사용되고 있다(윤종혁 외, 2016). 기존 문헌을 대상으로 '역량기반 교육'의 개념 체제를 분석한 결과 직업 현장에서의 그것과 마찬가지로 여전히 가시적인 수행(demonstration of performance) 즉, 성과를 중시하지만, 직업 현장에서와 같은 직접적인 생산성만을 요구하는 것이 아닌 실생활의 맥락을 포함한 현실 세계의 문제를 해결해 내는 성과로 그 의미하는 범위가 확장되었고, 무엇보다 학교는 아직 직업인이 아닌, 학생들에게 학교를 졸업하고 난 이후 직면하게 될 직업 세계와 미래사회의 요구를 반영하여 광범위한 능력이나 가치를 통합한 총체적 수행 및 역할과 관련된 넓은 범위의 실천 능력에 초점을 두고 있어 이 둘의 성격이 다르다는 것을 알 수 있다. 본 책은 학교에 초점을 두고 있다. 하지만 '역량기반 교육'을 종합적으로 이해하기 위해서는 직업 현장에서의 그것에 대한 탐색 과정도 필요하다고 판단하여 자료 수집 단계에서 학교의 경계를 넘어 관련 자료를 참고한 사례가 있음을 미리 밝혀 혼란을 줄이고자 하였다.

둘째, 학교 현장에서의 '역량기반 교육'이라고 하더라도 초・중등학교의 그것과 대학에서의 그것은 또 다른 특징을 가진다. 대학은 졸업 이후 대학원을 진학하는 경우를 제외하고 대부분 사회로 진출하여 직업인으로서의 삶을 살게 된다는 점에서 초・중등학교에 비해 노동시장과 직결되어 있다. 요즘은 졸업 이전에도 산학협력, 현장실습 인턴제 등 실제적인 역할을 경험해 볼 수 있는 기회가 훨씬 많으며, 학습자의 연령 즉, 생애 단계 역시 초・중등학교와 달리 성인 학습자라는 점에서 보다, 다양한 역량들이 요구되고, 실천된다. 또한 대학의 설립 목적과 인재상에 따라 각 대학별 유연한 핵심역량 도출과 교육과정 설계가 가능하다는 이점도 있다.

반면에 초・중등학교의 경우 국가 수준 교육과정의 지침을 따라야 한다는 제약이 있고, 2015 개정 교육과정이 역량의 중요성을 밝히긴 하였으나, 통합사회・통합과학 등 문・이과 공통과목의 신설, 인문・사회・과학기술에 대한 기초소양 교육 강화, 교과별 핵심 개념과 원리 중심의 학습 내용 적정화, 학생활동 중심의 교실 수업을 위한 교수・학습, 평가 방법 등(교육부, 2015a) 다양한 추진 사항들을 포함하고 있어 고려해야 할 부분이 많은 상황이다.

또한 초, 중, 고 학교급별 학생들의 발달 성장의 차이가 성인 학습자와 비교하였을 때, 차이가 커, 그 점을 고려하여 활동을 설계해야 하고, 교과 지식과의 연계와 입시라는 학교 풍토, 철저한 학사일정 및 수업일수 엄수, 행・재정적 지원의 어려움을 비롯한 다양한 제약들이 자리하고 있다는 점 등 대학과 초・중등학교의 '역량기반 교육'은 또 다른 특징을 가지고 있다. 따라서 초, 중, 고, 대학이라는 학교급 중 하나의 학교급을 대상으로 선정하거나 적어도 대학과 초・중등학교 중 하나의 학교군을 선정하여 대상에 맞춘 역량기반 교육을 운영하면 더욱 효과적일 것이다.

하지만 이 책에서는 '역량기반 교육'이 직업 현장에서 학교 현장으로 도입되어 훈련이 아닌, '교육'이란 이름을 적용한 만큼, 우선적으로 교육적인 측면에서의 개념을 학교군의 구분 없이 재규정하였고, 이는 초・중등학교와 대학 중 어느 하나에만 국한된 것이 아닌, 전체 학교 현장을 아울러 관점을 새롭게 넓혀나가는 기회를 제공하였다고 볼 수 있다.

2. 역량기반 교육의 내실화를 위한 조건

가. 역량기반 교육 프로그램의 검증 및 피드백 체계 구축 필요

역량함양을 위해 개발된 각종 프로그램들이 '역량기반 교육'으로써의 가치를 인정받기 위해서는 프로그램을 문서로 개발하는 단계에서만 그쳐서는 안 된다. 실증연구 검증을 통해 나타난 성과와 타당성 그리고 효과검증 및 개선점 등의 결과를 지속적으로 피드백하고 그것을 다시 반영하는 환류 체계를 구축하여 효과가 검증된 방법임을 증명하고, 적용하여야 한다. 이때 앞서 제시한 이론적 확충 조건 네 가지 – 경험의 계속성 충족, 상호작용의 성립, 교육의 자율성 확보, 교육의 내재적 가치구현 – 를 검증기준으로 삼아 피드백을 제시할 수 있다. 실증연구의 검증과 피드백 체계 구축은 '역량기반 교육'의 실천과 그 결과로 대변되는 역량함양의 달성 여부를 따지기 전에 반드시 거쳐야 할 선행조건으로 '역량기반 교육'의 방법적 보완을 위해 반드시 필요한 과정이라 할 수 있다.

나. '역량기반 교육'을 위한 제반 여건의 조성

학교 현장에 도입되는 각종 제도, 프로그램, 새로운 교수학습 방법 등이 그 자체가 아무리 좋더라도 효과적으로 실행되지 않는다면 실제로 기대한 결과를 얻기는 어려울 것이다. 가까운 예로 자유학기제를 들 수 있다.

자유학기제는 2013년 일부 학교의 시범적 적용을 시작으로 2016년 정부가 중학교 1학년을 대상으로 전 학교로 확대・적용시켰다. 이 제도는 한 학기 혹은 1년 동안 학생들이 국어, 영어, 수학 등의 일반 교과 중심의 시험에서 벗어나, 자신의 진로 결정을 위해 진로체험을 할 수 있도록 다양한 경험을 제공하는 제도로 그 목적과 취지가 매우 훌륭하다. 이 제도는 처음 생겨난 아일랜드를 비롯한 덴마크, 호주 등의 주요 서양 국가들에서 매우 긍정적인 효과를 거두고 있다.

그에 반해 우리나라는 초기 기대한 긍정적 효과보다는 학력 저하, 학습의 공백에 대한 우려, 부실한 프로그램 논란 등 각종 문제가 속출하고 있는 실정이다. 그렇다면 그 이유는 무엇일까, 그 원인을 여건 조성을 마련하지 않은 데서 찾을 수 있겠다. 우리는 앞서 거론한 유럽의 국가들과 달리 입시 위주의 학교 풍토가 오랜 세월부터 뿌리 깊게 자리하고 있어, 진도 나가기 바쁜 주입식 교육, 협력보다는 경쟁이 우선시 되는 평가체제에 익숙해 있다.

정부는 자유학기에는 학생들이 선생님이 되어 토론, 실습 등 학생이 주도하는 수업을 마음껏 펼칠 수 있다고 이 제도의 매력을 어필하였고, 실제로 학생들에게 그러한 기회가 제공되었으나, 평상시 능동적인 교실 문화에 익숙하지 않았던 학생들에게 자유학기제는 어떻게 참여해야 할지 몰라 많이 당황스러운 시간이었을 것이다. 학교 풍토 개선을 포함한 여건 조성 즉, 토대를 마련하지 않은 상태에서 좋은 씨앗만 가져다 심는 것은 마치 모래 위에 위태롭게 집을 올려둔 것과 같이 언제 무너져도 이상하지 않을 사상누각(沙上樓閣)에 불과하다.

따라서 지금부터 '역량기반 교육'이 제대로 자리 잡고, 올바로 실현되기 위해 필요한 제반 여건을 인적 측면, 물적 측면, 그리고 제도적 측면으로 나누어 그 내용과 방법을 간략히 소개하고자 한다.

(1) 인적 측면에서의 여건 조성

첫째, '역량기반 교육'을 제대로 실행하기 위해서는 무엇보다 전문가가 필요하다. '역량기반 교육'을 꼭 학교에서만 하는 것은 아니며, 학교에서도 교육 외에 학술 및 문화적 전통의 유지를 비롯해 다양한 활동을 펼치지만, 학교에서 이루어지는 활동 중 큰 비중을 차지하는 것은 수업이며 수업의 전반적인 부분을 설계하고 '역량기반 교육'이라는 수업의 변화를 꾀하는 새로운 시도에 있어서 교사는 핵심적인 인물로 수업을 설계하는 디자이너이자 조력자임에는 분명하다. 따라서 역량기반 수업이 진행되는 동안 교사에게는 이론적 지식, 적용능력, 성찰・소통・융통성 및 수용성 등의 새로운 교사의 능력과 전문성이 요구된다.[47]

이와 더불어 다음의 두 가지 세부 여건도 함께 고려되어야 한다. 먼저, 교사의 수업에 대한 권한 인정이다. 교사가 자신의 전문적인 지식, 기능을 발휘하고 활용할 수 있도록 권한을 인정하고 존중하는 것이다. 다음은 새로운 환경에 단순히 순응하는 수동적 태도와 달리 그것을 극복하려는 학습자의 자질이다. 학습자 역시 지금의 좁은 틀 안에서 벗어나 기존의 환경과 다른 환경에 자신을 개방하고, 그에 따른 위기와 문제를 해결할 수 있는 내부적 재조정의 과정을 거칠 준비와 자세를 갖추어야 한다.

둘째, '역량기반 교육'을 위한 구성원의 이해와 공감이 필요하다. 이때 구성원이란 학교 안의 구성원 전체 즉, 교사-학생-학부모 모두를 가리킨다. 먼저, 교사들 간 이해와 공감이 필요하다. '역량기반 교육'의 형태는 다양하다. 많은 경우에 교사는 동료 교사에게 도움을 청할 수 있고, 함께 협력하기를 제안할 수 있고, 혹은 그렇지 않더라도 학생들을 통해 새로운 교실 문화가 전파되어 간접적으로

---

47) '역량기반 교육'의 모든 책임과 역할을 교사에게 부여한다는 의미는 아니므로 오해가 없길 바란다. 하지만 교사에게 '역량기반 교육'을 위해 필요한 능력과 자질의 겸비를 요구하는 것은 불가피하다.

주위 교사들에게 영향을 미칠 수도 있다. 이때 동료 교사의 이러한 혁신(革新)이 다소 혼란스럽거나, 당혹함으로 달갑지 않게 느껴질 수도 있다 하지만 동료 교사의 새로운 시도를 이해하고 공감하려 노력한다면 그것을 토대로 '역량기반 교육'을 위해 다양한 시도를 할 수 있는 여건이 조성될 것이다.

앞서 '역량기반 교육'을 실행해본 학교들의 운영실태 분석에서 '역량기반 교육'에 다소 부정적 태도를 보인 학생과 학부모들의 이유는 성적과 입시에 불이익을 받을 수 있다는 불안감 때문이었다. 아무리 좋은 프로그램과 환경을 제공한다고 해도 그것을 받아들이는 주체가 열린 마음으로 마주하지 않는다면 그 효과는 반감되고 말 것이다. 설사 학생은 즐거운 마음으로 역량기반 프로그램에 참여하더라도 이에 반기를 든 부모들이 학교와 정부에 민원을 제기하고, 자녀들 앞에서 불신을 드러낸다면 결국 더 이상의 운영과 유지는 어려울 것이다. 따라서 '역량기반 교육'이 올바로 실천되기 위해서 학교는 구성원들 간의 원활한 소통이 필요하고, 동료 교사들 간 협력체계와 지지적 태도가 필요하며, 학생과 학부모의 요구에 귀 기울이며, 학생과 학부모도 열린 태도로 받아들이려는 이해와 공감의 자세가 필요하다.

셋째, '역량기반 교육' 실천에 알맞은 적정 학생 수의 편성이다. 2020년 OECD 교육지표에 따르면 우리나라 학교의 학급당 학생 수는 초등학교 23.2명, 중학교 26.7명이다.[48] 앞서 학교 현장에서 '역량기반 교육'이 실천되는 사례를 바탕으로 본다면 교사 한 명당 관리와 지도 및 상담・평가 등의 수업 전반에 걸친 역할을 담당하기에 이 숫자는 너무 버거운 숫자이다. 경남교육연구정보원(2020)에서 '역량기반 교육'을 정착시키기 위한 방안에 대해 천여 명 가까운 교사

---

48) OECD 기준상 '교사'는 기간제 교사 및 휴직교사를 포함한 수업교사(수석교사, 보직교사, 실기교사 등)를 대상으로 산출(관리직 교원, 상담・사서・보건・영양 등 주 업무가 수업이 아닌 교사 제외)한다. 따라서 교사 1인당 학생 수는 초등학교 16.5명, 중학교 13.5명이지만 보통 초등학교는 담임교사가 대부분의 과목을 담당하고, 중등학교에서도 교과목 교사 1인이 한 학급의 수업을 담당하기 때문에 교사 1인당 학생 수는 교사 1명이 직접적으로 지도 및 관리를 하는 인원으로 보기 어렵기 때문에 학급당 학생 수를 제시하였다. OECD 평균 학급당 학생 수는 초등학교 21.1명, 중학교 23.2명이다. 참고로 OECD는 고등학교 단계의 학급당 학생 수는 미산출한다.

들에게 설문한 자료에서도 학급당 학생 수를 20명 이하로 줄여나가는 노력이 필요하다는 결과가 나왔다. 더불어 저출산으로 인해 학령인구가 점차 감소하고 있음에도 불구하고, 교사 1인당 학생 수는 축소하지 않고, 오히려 신규 임용 교원의 수를 축소·선발하는 방침은 학교 운영의 질로 보나, 국가의 취업장려 정책면으로 보나, 이해할 수 없는 부분이다. 만약, 교사 1인당 학생 수 축소 편성이 어렵다면 적어도 '역량기반 교육' 활동을 하는 시간만이라도 학생 수 재조정을 하거나, 전문성을 갖춘 전문인력을 추가 배치하는 것도 방법일 수 있다. 물론 이 활동은 '역량기반 교육'이고, 이 활동은 '역량기반 교육'이 아닌 것, 이라고 명확히 구분 지어 선언(先言) 한 내용을 적용하는 것은 현실적으로 어려우며 임시방편에 불과할 뿐 근본적인 해결책은 아니다. 하지만 여건 개선을 위해 조금씩 변화를 시도해 본다면 시도조차 하지 않은 경우보다 문제해결에 빨리 도달할 수 있기 때문이다.

(2) 물적 측면에서의 여건 조성

첫째, '역량기반 교육'을 위한 학습 환경의 확대가 필요하다. 여기에서의 확대는 물리적 공간의 확대와 더불어 사회와의 관계 확장을 의미하기도 한다. 기존의 '역량기반 교육'의 개념 체제에는 현대사회, 현실 사회, 미래사회로 대변되는 지식 기반사회와 직업 세계의 요구가 필수 요소로 자리하고 있고, '역량기반 교육' 개념의 확충 조건으로 환경과의 상호작용을 제안한 바 있다. 따라서 '역량기반 교육'을 내실 있게 운영하기 위해서는 그들이 주장한 이론적 지식에서 확장하여 실천적 지식으로의 발현을 위해 지역사회와 관련 기관 및 산업체와의 협력을 통해 실습 공간 확대 및 경험 확장을 위한 학습 환경을 확대·제공하여야 한다. 더불어 보다 현실적인 방안을 추가로 덧붙이자면 초·중등학교에 비해 실습환경이 잘 갖추어져 있는 지역의 대학이나 마이스터고, 특성화고등학교의 실습환경을 활용하는 방안도 있겠다.[49]

---

49) 이와 유사한 제도로 2014년부터 대학이 고교연계를 확대하여 중학생 대상 자유학기제 프로그램을 제공하는 등 '고교교육정상화 기여대학 지원사업'이 있으나, 이는 단순히 진로체

둘째, 학교의 경직된 구조체제와 문화 개선이 필요하다. 흔히 교직 사회를 두고 보수적인 집단이라 말한다. 이러한 구조와 문화는 은연중에 사회가 교사에게 학생들의 귀감이 되는 품위와 자질을 기대한 데서 비롯되었다 할 수 있다. 따라서 그 어떠한 집단보다도 청렴하고, 정직하며, 전문성있는 집단으로 평가된다. 하지만 때론 이러한 경직된 체제와 문화에 갇혀 빠르게 변화하는 학생들에 비해 교사들은 이를 따라가지 못하거나, 그들의 문화에서 변화를 시도하려는 동료 교사에게 격려와 지원보다는 따가운 시선과 질타를 보내는 경우가 왕왕 있다. 인공지능(AI), 사물인터넷(IoT), 빅데이터, ICT 기술 등으로 대표되는 미래사회로 인해 학습생태계 역시 다양한 형태로 구축될 것이다. 하지만 학교의 체제와 문화 여건이 여전히 경직된 상태로 머물러 있다면 이 역시 토대가 마련되지 않아 시작만 장대하였던 기존의 많은 시도들과 다르지 않은 결과를 초래할 것이다. 따라서 '역량기반 교육'을 내실 있게 운영하고자 한다면 경직된 학교 체제와 문화를 개선해야 할 것이다.

(3) 제도적 측면에서의 여건 조성

첫째, '역량기반 교육'을 위한 행·재정적 지원이 필요하다. '역량기반 교육'을 연구하고, 관련 정책을 마련하고, 실행방법을 제안한 여러 연구자들의 정의에서 한결같이 등장하는 문구는 "지식(이론)을 습득한 상태에 머무르는 것보다 지식(이론)을 활용할 수 있는 실천능력 겸비(백남진, 온정덕, 2014 : 23; 최승현 외, 2011 : 4)"의 강조이다.

따라서 학교 울타리 안에서 벗어나 많은 것을 보고, 배우고, 경험하고, 실천해 보아야 할 것이다. 그렇다면 언제든 계획을 실천에 옮길 수 있는 개방적인 학사일정이 요구될 것이고, 학년별 일률 획일적인 수업 시간 편성에서는 할 수 없는 3~4시간 연이은 실험이나 활동을 할 수도 있고, 학교를 벗어나 관련 기관을 방문

험, 캠퍼스 투어 및 학과 방문 등 견학에 불과한 실정이다. 그리고 공동캠퍼스 활용 제도가 세종시 등의 신도시를 거점으로 일부 지역에서 시도 중에 있으나 같은 급의 학교들에서 계획·추진되고 있다.

할 수도 있고, 학급의 경계를 넘어 주제별 학생조합을 하는 등 다양한 요구가 불가피할 것이다. 이는 매우 단편적인 예에 불과하지만 제시된 내용만 놓고 보아도 현실적으로 실현이 매우 어려울 것이란 우려가 앞설 것이다. 이러한 실천능력을 강조하면서 오로지 학교 안에서의 활동만 허락한다면 이는 말과 사실이 다른 언행상궤(言行相詭)이며 따라서 '역량기반 교육'이 제대로 이루어지기 위해서는 개방적이고 유연한 행·재정적 지원이 마련되어야 할 것이다.

둘째, 입시 위주의 학교 문화를 개선하기 위한 대책 마련이 필요하다. 성적 서열에 따라 대학에 진학하는 현재의 입시체제 속에서 많은 시간과 감정을 낭비해야 한다는 이유로 학생들은 역량기반 활동에 대한 불만을 가지고 있었다. 학부모들 역시 '역량기반 교육'의 취지와 목적이 좋은 것은 알지만 입시에 도움이 되지 않는다는 이유에서 새로운 교육과정을 불신하거나 부정적인 입장을 표출하였다. 더욱이 학부모들은 '자유학기제'라는 다소 파격적인 교육정책을 이미 경험한 바 있고, 이로 인해 자녀들의 학습능력이나 성적이 낮아질까 우려하고 있는 가운데 이 '역량기반 교육' 역시 달갑지 않은 것이다. 따라서 학생과 학부모의 불만과 불신을 해결하고, '역량기반 교육'에 적극적으로 참여하도록 하기 위해서는 입시문화로 인한 경쟁체제를 개선할 제도적 차원의 문제해결이 필요하다. 입시문화를 개선하기 위해서는 결국 평가 방법 개선을 고민해야 한다. 따라서 공정한 평가를 비롯해 전문성을 강화하고 제도적인 차원에서 역량기반 평가를 반영하는 방안을 고려해야 할 것이다.

셋째, '역량기반 교육'의 개념적 문제와 함께 항상 거론되는 평가 방법의 부실화 문제를 해결할 대책 마련이 필요하다. 현재 '역량기반 교육' 평가 방법의 운영실태는 역량이 습득되고 발현되는 복잡한 메커니즘은 간과된 채 역량 요소를 단순히 범주화·표준화하는 오류에 빠져있다. 이는 역량을 가시적으로 드러나는 행동을 통해 편협하게 이해하는 경향에서 기인한 문제이다. 초·중등학교의 경우 학교의 목표 인재상과 2015 개정 교육과정에서 제시한 핵심역량을 바탕으로, 대학의 경우 기업과 사회의 요구를 중심으로 학생들이 함양해야 할 역량을 규정짓고, 소정의 활동에 참여시킨 뒤 사전·사후의 변화를 이 범주화·표준화된 평가 틀에 의거 해 점수화하는 것이다. 그리고 '역량기반 교육'이 결과 위주의 기능 중심적 교육관을 보인다는 비판의 목소리와 달리 학교 현장에서의 역량기반 활동들에 대한 평가는 과정을 중시하였고, 그 방법으로 수행평가가 채택되었다. 하지만 여기에서의 문제도 결국 범주화・표준화된 평가 틀에 비추어 활동 과정에서 학습자에게 해당 요소가 발견되었는가를 교사의 주관적 판단으로 평가하거나 과정을 중시하지만 결국은 결과물이 평가에 많은 영향을 미친다는 것이다. 따라서 지금의 평가체제는 '역량기반 교육'이 목표로 내세우는 역량의 함양 여부를 평가하기에는 역부족이다.

앞서 주지하였다시피 역량이 습득되고 발현되는 과정은 매우 복잡하고, 많은 시간을 필요로 한다. 따라서 평가하는 방식 역시 장기간에 걸친 평가체제가 뒤따라야 한다. 학생이 입학하였을 때 혹은 그 이전의 상태를 측정하고, 이후 역량기반 활동을 통해 변화된 모든 것들을 세밀히 관찰하고, 기록하고, 비교하며 이 단계, 단계별 피드백을 통해 수정・보완하고, 그것을 다시 환류하는 과정을 거듭하여 학습자의 변화를 장기간에 걸쳐 추적하는 것이다. 사실 이와 비슷한 시도는 그전에도 있었다. 그 대표적인 사례로 포트폴리오와 생애주기별 맞춤형 프로그램을 들 수 있다. 한때 학교 현장에 유행처럼 번져 포트폴리오 시스템을 LMS 등 학습지원시스템에 연동하여 학생이 직접 기록하게 하여 개인의 발전 정도를 확인함은 물론 상급학교 진학이나 취업 시에 많은 이점이 있을 것이라는 낙관적인 기대효과를 주장하였지만, 현재 이는 유명무실해진 상태이다. 그 이유는 기록・정리・분석・보관에 너무 많은 시간과 노력이 필요해 비효율적이라는 평가와 주관적인 데이터를 객관화할 수 있는 방법의 부재로 인해 검토기관에서 이를 인정하기 어렵다는 등의 이유들이 있다. 따라서 역량함양을 평가하기 위한 장기적인 관리 시스템이 정착되기 위해서는 단순한 기록을 넘어 보다 전문성을 갖춘 인력을 보강하거나 시스템을 개발하고, 평가 도구를 적용한 제도적 차원의 대책 마련이 필요하다.

참고로 첨언하면, 현재 정부재정지원사업 선정에서 두각을 나타내는 몇몇 대학들이 핵심역량 교육인증제, 역량 질 관리시스템이라는 유사한 평가제도를 도입

・운영하고 있다. 이들은 역량교육인 증원이라는 전담 기구와 인증 책임교수제 및 인증 조교제를 설치・도입하고, 전공/교양 교육과정을 역량기반 교육과정으로 재편성하여 교과를 관련 역량에 맞게 재배치하고, 자체 역량 확인 인증모형을 개발하여 학생의 핵심역량을 평가한다. 이들의 시도는 훌륭하고, 일부 방법은 필자가 제시한 방법과 유사하다. 허나 과학주의적 교육관의 특징인 논리적 순환의 오류에 빠지지 않도록 해야 하며 앞서 문제점으로 지적한 역량함양 여부를 표준화・범주화된 평가 틀에 근거해 단순히 해당 교과 혹은 프로그램을 이수하였다는 것만으로 주체에게 해당 역량이 함양되었다고 평가하는 오류를 범하지 않도록 주의해야 할 것이다.

넷째, 장기적인 안목과 점진적인 계획을 실현할 수 있는 정부의 허용적인 태도와 제도 마련이 필요하다. 산업・과학・기술・문화 등 급격히 사회가 변화하고 있기 때문에, 혹은 새 정부의 출범하에 추구하는 핵심 과제를 기간 내에 해결하기 위해, 혹은 경제발전의 주 무대에서 경쟁 국가보다 우리가 앞서나가기 위해, 등등의 이유로 학교는 늘 그 요구와 책무에 직면해 있다. 오늘날 학교 현장에는 시장 논리가 적용되어 열심히 하는 학교는 전폭적인 지원을, 그렇지 않은 학교는 지원 감축을 통해 부실화 문제를 해결하고, 교육의 질을 강화하겠다는 취지로 다양한 정부재정지원사업들이 끊임없이 등장하고 있고, 학교들은 이 사업에 선정되어 재정을 지원받아 학교를 운영해야 하기 때문에 사활을 걸고 참신한 아이디어와 그간의 성과를 보고하기에 바쁘다. 초・중등학교는 대학에 비해 그 규모가 작기는 하지만 마찬가지로 초・중등학교를 대상으로 한 각종 정부 사업이 발표되고, 일선 학교들은 혁신 학교로의 이미지 쇄신, 재정 확보, 학교평가 등을 고려하여 이에 적극적으로 참여하고 있다. 이러한 구조 때문에 그 누구보다 장기적인 안목과 점진적 계획 수립을 할 수 있는 교수학습 전문가 집단임에도 불구하고, 학교 현장은 단기적인 성과에 급급해 개념적 이해, 실증적 연구, 검증, 피드백, 환류 등을 실천할 엄두를 내지 못하고 있다.

이러한 연유로 심지어 시기별 유행하는 '교육 트랜드'라는 신조어가 등장하기도 한다. 4차 산업혁명 시대를 대표하는 '교육 트랜드' 중 하나인 PBL, Flipped

Learning 등과 같은 교수방법은 교육을 위한 방법적 도구에 불과한데도 'PBL 교육', 'PBL 수업' 등 주객이 전도되어 마치 'PBL 교육'이 따로 있는 것처럼 혼란을 야기하는 경우가 비일비재하다. 매번 빠르게 바뀌는 '교육정책', '국가수준 교육과정', '입시제도'를 위해 많은 연구진이 투입되고, 막대한 비용이 소요되며, 급하게 적용함으로써 야기되는 교사와 학생 그리고 학부모들의 혼란과 그로 인한 각종 피해를 막기 위해서라도 국가가 장기적인 안목과 점진적인 계획을 실현할 수 있도록 허용적인 태도와 제도를 마련해야 할 것이다.

지금까지 '역량기반 교육'의 방법적 측면에 필요한 과제와 전망, 방향 등을 제시하였다. 이상과 같이 제시한 개념적 이론의 확충과 방법적 보완의 정책적 제언은 '역량기반 교육'이 교육으로서 가치 있는 활동이 되는 데 많은 도움이 될 것이다.

제13장 교육을 본위에 둔 역량기반 교육 양상

이 책에서 추구하는 '역량기반 교육'과 지금의 '역량기반 교육' 사이의 궁극적 차이는 '교육'과 '역량' 중 무엇을 중심에 두느냐로 귀착된다.

지금의 '역량기반 교육'은 역량을 중심에 둔 "역량을 위한 교육"을 취하고 있음을 확인하였다. 다시 말해 역량을 본위로 하는 '역량기반 교육'이며, 이는 역량함양의 가치가 우선하므로 교육은 그 가치실현에 기여하는 수단으로 전개된다. 따라서 역량을 중심에 둔 '역량기반 교육'은 교육의 외재적 가치를 중시하게 되고, 그 가치실현을 최대의 목표로 삼기 때문에 정해진 틀 안에서 안정적이며, 빠른 목표 도달을 위해 급진적이며, 단기적인 활동을 추구하는 경향을 보인다.[50)]

이 역량을 중심에 둔 '역량기반 교육'은 대상이 되는 주체가 아직 역량함양이 되지 않은 상태이거나 혹은 그 출발선이 모두 같은 수준에 있다는 전제하에 무(無)에서 유(有)로의 역량함양을 끌어올리기 위한 활동들로 전개된다. 그렇기 때문에 실천 양태는 현재 수준에서 더 나은 수준으로 전진하는 상향식 전개를 보인다 할 수 있다. 이는 목표 도달 측면에서 보았을 때, 적은 투자와 단기간의 시간 소요로 목표로 정한 역량의 수준에 도달하기 수월하다는 이점을 가지고 있다. 이를 본 책에서는 존 듀이가 주장한 경험의 계속성을 기반으로 보다 가치 있는 교육적 경험으로 재규정하고자 하였다.

하지만 위로의 상향식 전개는 학교에서는 선발·석차·진학·입시, 직업 현장에서는 업무성과·채용·승진·인사고과 등과 같은 개인의 가치 상승으로 이어져 경쟁 구도가 형성될 가능성이 있고, 빠른 가치 상승을 위해 필요한 역량만을 선택하여 단순·반복적인 집중 훈련을 지향하는 경향을 보일 수도 있다.

그렇다면 이 책에서 지향하는 교육을 중심에 둔 '역량기반 교육'에서의 역량과

---

50) 해당 주장은 본 연구의 Ⅱ장과 Ⅲ장에서의 '역량기반 교육'에 대한 다각적인 측면에서의 고찰과 사례 분석을 바탕으로 도출한 결과를 기반으로 한다.

교육의 관계는 어떠한가? 그것은 바로 "교육을 위한 역량"이다. 다시 말해 교육을 본위로 하는 '역량기반 교육'이며 이는 교육의 가치가 우선함으로써 역량함양이 교육의 가치실현을 촉진하는 방식으로 조정되며, 따라서 교육의 내재적 가치를 중시한다. 이 교육을 중심에 둔 '역량기반 교육'에서는 출발선에 있는 주체들의 역량함양 정도가 이미 높은 수준에 있을 수도 있고, 그렇지 않을 수도 있으며, 다양한 수준을 겸비하고 있다고 가정한다.

앞서 7장에서 소개한 역량의 개념 체제 분석에서 '개인의 내적 특질'이 역량의 개념 체제 필수요소 중 하나라는 것을 확인한 바 있다. 이 '개인의 내적 특질'이 역량의 정의에서 '자신이 가지고 있는 자원', '행동 특성의 집합으로써 지식, 기능, 태도로 구성', '태도, 감정, 가치, 동기 등과 같은 개인의 총체적인 특질' 등과 같이 기술된 것을 보면, 이는 인간 자질의 복합적인 결합체로써 개개인별 다양한 수준을 보이는 것으로 해석할 수 있다.51)

이와 같이 출발선에 있는 주체들의 내적 특질과 이미 함양하고 있는 역량의 수준이 다양하기 때문에 그들 사이에서는 상향식 전개뿐만 아니라, 서로를 보완하는 협동교육과, 자신의 현재 수준을 차상의 수준으로 끌어올리려는 전진 형태의 상향식 교육을 잠시 멈추고 스스로 터득한 상구교육의 체험을 나누고, 봉사하는 하향식 전개도 보일 것이다. 이러한 상향, 하향, 협력의 공조 체제를 교육이라고 할 수 있고, 이를 교육본위론(教育本位論)을 기반으로 재규정하였다.

그 이유는 듀이의 경험의 계속성의 원리는 결국 경험과 환경과의 재구성을 통해 더 나은 성장을 위해 전진해 나가는 상향식 원리이기 때문에, 이 위와 아래, 그리고 수평으로의 협력 체제를 설명하기에 다소 어려움이 따른다. 따라서 상향식의 상구교육과 하향식의 하화교육, 그리고 협동교육을 의미하는 대위관계로 교육의 독자적인 구조와 내재율을 밝힌 교육본위론을 토대로 '역량기반 교육'에

---

51) 실제 교수자, 부모, 친구의 입장에서 동 학년의 학습자를 관찰하였을 때, 학습자의 성별, 환경, 타고난 자질, 관심, 경험, 태도 등을 통해 같은 나이이고, 특별히 학습한 경험이 없더라도 유독 어학 능력이 뛰어난 아이, 혹은 운동능력이, 혹은 예술 능력이 … 등과 같이 학습자별 내적 특질이 다양성을 보이는 경우를 관찰한 경험이 있을 것이며, 이러한 상황을 이야기하는 것이다.

관한 이론의 확충을 제시하였다.

교육 본위의 '역량기반 교육'에서는 어떤 역량을 핵심역량으로 할 것이며, 이를 어떤 수준으로까지 함양하느냐는 것은 그리 중요한 문제가 아니다. 진정 중요한 것은 상향식 전개, 하향식 전개, 협력의 전개라는 오르내리는 활동 속에서 교육의 재미와 보람을 느끼고, 교육의 내재적 가치를 실현하는 것이다. 이러한 교육은 많은 시행착오와 불안정이 뒤따를 수 있지만, 주체의 내재적 가치에서 출발하여 장기적이고, 지속 가능한 내심(內心)을 동력으로 다양한 경험을 부단히 재구성하고 상호작용한다면, 그 과정에서 역량의 함양은 물론 무한한 성장을 기대할 수 있을 것이라는 게 본 연구가 제안하는 교육을 중심에 둔 '역량기반 교육'의 양상이다.52)

지금까지 설명한 역량과 교육을 각각 본위로 한 '역량기반 교육'의 특징을 간결·명료하게 정리하면 [그림 13-1]과 같다.

52) 양상이란, 오로지 교육을 본위로 하는 관점을 반영한다. 교육본위론은 교육이 삶의 고유한 양상이라는 것을 주장해 왔다.

그림 13-1 본위에 따른 '역량기반 교육'의 특징 비교

역량 중심의 '역량기반 교육'		교육 중심의 '역량기반 교육'
역량 본위	본위	교육 본위
교육의 외재적 가치 중시	목적	교육의 내재적 가치 중시
형식적인 틀	틀	자율적인 틀
급진적, 안정적, 단기적	특징	지속화, 불안정, 장기적,
미성숙	대상	성숙과 미성숙 혼재
상향식 전개	방향	상향+하향식 전개
훈련	관점	교육
경쟁	양태	협력
개별적인 경험과 단절화	지속성	경험의 재구성과 상호작용
목표 도달에 적은 시간 소요	효율	목표 도달에 많은 시간 소요
↓		↓
역량의 빠른 성장		역량의 무한한 성장

교육의 형태는 다양하며, 특정 형태만이 항상 옳다고 주장할 수는 없다. 따라서 역량과 교육 중 무엇을 본위에 둔 교육이 옳은 교육이라고 단정 지어서도 안 된다. 역량을 중심에 둔 '역량기반 교육'이든, 교육을 중심에 둔 '역량기반 교육'이든, 혹은 그 외의 또 다른 형태의 '역량기반 교육'을 설계하여 실천하든 간에 각자

의 세계 안에서 실현 가능한 수준을 잠정적인 표적으로 삼고, 그 교육활동에 심취하는 것이 바람직하다.

다만, 기존의 역량 본위의 '역량기반 교육' 외에 교육 본위의 '역량기반 교육'이 새롭게 제시되어, 이 둘이 대립 관계가 아닌, 또 다른 선택의 길이 있음을 인식하고, 교육 본위의 '역량기반 교육'이 허구가 아닌 이론적 실체를 겸비한 개념임을 제시하면서 '역량기반 교육'에 대한 새로운 관점을 열고, 이를 통해 '역량기반 교육'이 교육적 가치를 높이는데 중요한 계기가 되기를 바란다.

참고문헌

강경리(2019). 4차 산업혁명시대의 대학교육의 방향과 대학교원의 교수역량에 대한 분석 연구 : 평생교육 패러다임을 중심으로. **교육문화연구,** 25(1), 49~82.

강이철, 정성희(2005). Vygotsky의 교육관 : 교사론, 학생론, 방법론. **중등교육연구,** 53(3), 115 - 139.

강이화(2019). 4차 산업혁명과 대학교육의 미래 : 국내외 혁신 사례를 중심으로. **교육혁신연구,** 29(1), 279 - 297.

강석주(2003). 중등교사의 역량모델개발에 관한 연구. **한국교육학연구,** 9(2), 59 - 91.

강중기(2005). 황종희 「**명이대방록**」. 서울 : 철학사상연구소.

고자경 외(2013). 역량기반 교육과정 개발을 위한 간호역량 모델링에 대한 고찰. **한국간호교육학회지,** 19(1), 87 - 96.

교육과학기술부. 2009년 교육과학기술부 업무보고. 교육과학기술의 미래 경쟁력 강화 보도자료(08.12.27.).

교육부(2014). 2015 문·이과 통합형 교육과정 총론 주요 사항[시안](2014.09.24.).

교육부(2015a). 2015 개정 교육과정 총론. 세종 : 교육부.

교육부(2015b). 국어과 교육과정 제2015 - 74호[별책5], 세종 : 교육부.

교육부(2015C). 2015 개정 수학과 교육과정. 세종 : 교육부.

구교은(2015). 역량기반 교육과정에 대한 초등학교 교사의 인식. **초등교육학연구,** 22(1), 1 - 23.

권오정, 김영석(2003). **사회과 교육학의 구조와 쟁점**. 서울 : 교육과학사.

권해수, 김민성, 강영신(2011). 학교 기반의 청소년 핵심역량 강화 프로그램 개발 및 효과검증. **한국청소년연구,** 60, 141 - 173.

김경자(2014). 2015 문·이과 통합형 교육과정의 총론 내용과 교과 개발자와의 소통을 위한 제언. 2014년도 한국교육과정학회 추계학술대회 자료집, 3 - 19.

김광민(2009). 역량기반 교육의 매력과 한계. **도덕교육연구,** 20, 171 - 197.

김기홍(2017). 4차 산업혁명에 대비한 전문대학 역량기반 교육 운영 내실화 방안. 한국직업능력개발원 기본연구보고서 2017 - 26.

김동영, 곽영순, 동효관, 이상하, 이인호, 이정우, 김정효, 김현미, 박상욱, 최정순(2013). 21C 미래 사회 핵심역량 신장을 위한 평가모형 및 평가 문항 개발 : 초등학교 과학·중학교 사회를 중심으로. 한국교육과정평가원 연구보고 CRE 2013 - 6 - 1.

김민정(2019). 역량기반 대학교육의 통치성에 대한 비판적 고찰. **사고와 표현**. 12(1), 195-220.

김수영(2011). 역량기반 교육에 대한 비판적 고찰 : 심성함양의 관점. 서울교육대학교 석사학위논문.

김선영(2019). 역량기반 교육과정의 '교과 교육내용 구성 방식'에 대한 국제 비교 연구 : 우리나라, 싱가포르, 호주, 캐나다를 중심으로. 서울대학교 대학원 박사학위논문.

김신지(2020) '역량교육'에 사용된 '교육'용어의 해체. 한국교원대학교 대학원 석사학위논문.

김안나 외(2002). 생애능력 형성을 지원하기 위한 고등교육체제의 질 관리 현황과 과제. 한국교육개발원 연구보고 RR 2002-19-4.

김성훈(2006). 세계화 시대에 존 듀이 다시 읽기 : 세계화, 민주주의, 그리고 교육. **교육철학**, 35, 151-165.

김왕근(2004). 사회과 교육의 정체성에 대한 재해석. **교육연구**, 21, 1-18.

김정희(2000). 교육부문에서 인간 자본론의 재조명. **교육학논총**, 20(2), 25~40.

김재웅(1998). 교육자치의 의미와 전망 : 지방교육자치제도를 중심으로. **교육원리연구**, 3(1), 23-38.

김재현(2012). 교육본위론의 관점에서 Hirst의 교육과정이론에 대한 비판적 분석. 영남대학교 대학원 박사학위논문.

김창환, 엄문영, 박현정, 노지윤, 김기현, 이광현, 박레아, 김종민, 이상돈, 박소연, 박종효, 황혜정(2013). 한국의 교육지표・지수 개발 연구(II) : 학생역량지수 개발 연구. 한국교육개발원 연구보고 RR 2013-23.

김해윤, 허난, 노지화, 강옥기(2012). 수학과 교수・학습 과정에 핵심역량의 반영 정도와 그 가능성에 대한 교사들의 인식조사. **한국학교수학회논문집**, 15(4), 605-625.

노상우(1999). 신자유주의적 경제논리와 민주적 교육논리. **한국교육연구**, 5(2), 1-23.

대통령자문교육혁신위원회, 학습사회 실현을 위한 미래교육 비전과 전략(안), (07.08.16.) 발표문.

류방란, 김경애, 이상은, 한홍정, 이윤미, 이종태, 최항섭(2018). 제 4차 산업혁명 시대의 교육. 한국교육개발원 연구보고 RR 2018 - 01.
박도순(2012). **교육평가 - 이해와 적용**. 파주 : 교육과학사.
박민정(2009). 역량기반 교육과정의 특징과 비판적 쟁점 분석 : 내재된 가능성과 딜레마를 중심으로, **교육과정연구**, 27(4), 71 - 94.
박순경(2008). 교육과정 선진화와 교육과정 설계화의 합리화, 초·중등학교 교육과정 선진화 방안 연구 세미나 자료집. 서울 : 한국교육과정평가원. 3 - 30.
박휴용(2015). 핵심역량기반 교육에 대한 비판적 고찰. **교육사상연구**, 29(4), 49~78.
백남진, 온정덕(2014). 역량기반 교과 교육과정에서 기준과 수행의 의미, **교육과정연구**, 32(4), 17 - 46.
백은진(2015). 2015 개정 교육과정에 도입된 역사과 핵심역량 설정의 현황과 모순. **사총**, 86, 245 - 273.
백승수(2017). 4차 산업혁명 시대의 교육의 방향 모색. **교양교육연구**, 11(2), 13 - 51.
서영진(2015). 2015 개정 국어과 교육과정의 주요 쟁점과 향후 과제 : 공통 교육과정 '국어'를 중심으로. **청람어문교육**, 56, 67 - 106.
설연경(2020). '변혁적 역량기반(Transformative Competencies)' 미래지향적 교육설계 방안, **교양교육연구**, 14(3), 25 - 38.
소경희(2003). 국가수준에서 개발된 교육과정의 실행 양상에 대한 이해 : 초등하교 국어과 사례를 중심으로. **교육과정연구**, 21(1), 129 - 153.
소경희(2007). 학교교육의 맥락에서 본 '역량(competency)'의 의미와 교육과정적 함의. **교육과정연구**, 25(3), 1 - 21.
소경희(2009a). 2015 개정 교육과정 총론 개정인이 남긴 과제 . 각론 개발의 쟁점 탐색. **교육과정연구**, 33(1), 195 - 214.
소경희(2009b). 역량기반 교육의 교육과정사적 기반 및 자유교육적 성격 탐색. **교육과정연구**, 27(1). 1 - 20.
소경희, 홍원표, 송주현, 강지영(2013a). 주요국의 핵심역량 중심 교육과정 운영 실태 조사 연구. 서울 : 교육부.
소경희, 강지영, 한지희(2013b). 교과교육과정 개발을 위한 역량 모델의 가능성 탐색 : 영국, 독일, 캐나다 교육과정 고찰을 중심으로. **비교교육연구**, 23(3), 153 - 175.

손민호(2006). 실천적 지식의 일상적 속성에 비추어 본 역량(competence)의 의미 : 지식기반사회? 사회기반지식!. **교육과정연구,** 24(4), 1-25.

송경오, 박민정(2007). 역량기반 교육개혁의 특징과 적용 가능성 탐색. **한국교육,** 34(4), 155-182.

안연숙(2011). 교육본위 관점에서 본 Hirst의 지식의 형식 비판-교육의 가치와 교육의 소재를 중심으로. **교육원리연구,** 16(1), 87~113.

안유정(2016). 역량중심 교육과정의 의미 : 사례와 분석. 서울교육대학교 교육전문대학원 석사학위논문.

엄태동(2006). **교육의 본질과 교육학**. 서울 : 학지사

오현석(2007). 역량중심 인적자원개발의 비판과 쟁점 분석. **경영교육논총,** 47, 191-213.

유재원(2000). 세계화, 신자유주의 그리고 지방정치. **한국행정학보,** 34(4), 155-173.

유한구, 임언, 주인중, 정재호, 장현진, 정지운(2018). 미래인재 개발과 교육혁신, 한국직업능력개발원 기본 연구 2017-29.

유현숙(2003). 국가 수준의 생애능력 표준 설정 및 학습체제 질 관리 연구, 한국교육개발원 연구보고 RR 2002-19.

윤병희(2005). 교육과정 연구에서의 교육목적론과 교육소재론. **교육과정연구,** 23(4), 1-36.

윤정일, 김민성, 윤순경, 박민정(2007). 인간능력으로서의 역량에 대한 고찰 : 역량의 특성과 차원, **교육학연구,** 45(3), 233-260.

윤종혁, 김은영, 최수진, 김경자, 황규호(2016). OECD 교육 2030 : 미래교육과 역량을 위한 현황분석과 향후과제. 한국교육개발원 연구보고서 OR 2016-10.

윤현진, 김영준, 이광우, 전제철(2007). 미래 한국인의 핵심역량 증진을 위한 초·중등학교 교육과정 비전 연구(Ⅰ) : 핵심역량 준거와 영역 설정을 중심으로. 한국교육과정평가원 연구보고서 RRC 2007-1.

윤희정, 정윤숙, 공성수(2018). 대학생 핵심역량 기반 맞춤형 비교과 프로그램 개발. **핵심역량교육연구,** 4, 213~241.

이건만(2012). 자유주의 경제 사상의 변천과 신자유주의 교육관에 대한 성찰. **국정관리연구,** 7(1), 67-95.

이경호, 안선희(2014). 역량기반 학교 교육 과정 설계 및 구현 사례 분석 : 커리큘럼 연구학교에 중점을 둔. **교육과정 및 평가저널**, 20(1), 1 - 30.

이광우, 민용성, 전제철, 김미영, 김혜진(2008). 미래 한국인의 핵심역량 증진을 위한 초·중등학교 교육과정 비전 연구(Ⅱ) : 핵심역량 영역별 하위 요소 설정을 중심으로. 한국교육과정평가원 연구보고 RRC 2008 - 7 - 1.

이광우, 전제철, 허경철, 홍원표(2009). 미래 한국인의 핵심역량 증진을 위한 초중등학교 교육과정 설계방안연구. 한국교육과정평가원 연구보고 RRC 2009 - 10 - 1.

이광우, 백경선, 이수정(2017). 2015 개정 교육과정에서의 핵심역량 관련 이슈 고찰 : 인간상, 교육목표, 교과 역량과의 관계. **교육과정연구**, 35(2), 67 - 94.

이근호, 곽영순, 이승미, 최정순 (2012). 미래 사회 대비 핵심역량함양을 위한 국가 교육과정 구상. 한국교육과정평가원 연구보고 RRC 2012 - 4.

이근호, 이광우, 박지만, 박민정(2013a). 핵심역량 중심의 교육과정 재구조화 방안 연구. 한국교육과정평가원 연구보고 CRC 2013 - 17.

이근호, 김기철, 김사훈, 김현미, 이명진, 이상하, 이인제(2013b). 미래 핵심역량 계발을 위한 교과 교육과정 탐색 - 교육과정 교수·학습 및 교육평가 연계를 중심으로. 한국교육과정평가원 연구보고 RRC 2013 - 2.

이근호, 이미경, 서지영, 변희현, 김기철, 유창완, 이주연, 김종윤, 윤기준 (2017). OECD Education 2030 교육과정 조사에 따른 역량중심 교육과정 비교 연구. 한국교육과정평가원 연구보고 CRC 2017 - 8.

이돈희(1999). 지식기반사회의 도래와 교육의 새로운 위상 : 지식기반사회와 교육. 교육부 정책연구보고서. 1 - 22.

이미경, 주형미, 이근호, 이영미, 김영은, 이주연, 김종윤(2016). 21세기 역량기반 교육과정 개발 방향 연구 - OECD Education 2030. 한국교육과정평가원 연구보고 RRC 2016 - 5.

이미경, 서지영, 변희현, 이근호, 김기철, 유창완, 이주연, 김종윤, 윤기준 (2017). OECD Education 2030 교육과정 내용 맵핑 : 체육과와 수학과를 중심으로. 한국교육과정평가원 연구보고 RRC 2017 - 6.

이병준 (2016). 역량기반 지속가능발전교육 프로그램개발 연구. **학습자중심교과교육연구**, 16(6), 701 - 715.

이상준(2019). 이홍우의 "교과교육론"에서 "교육"과 "교육의 가치" 개념에 대한 해체적 분석. **교육원리연구, 24**(2), 109 - 137.

이상하, 박도영, 박상욱, 최인봉, 구남욱, 이은경(2014). 미래 사회 핵심역량 교수·학습 지원을 위한 교육평가 정책의 방향. 한국교육과정평가원 연구보고 RRE 2014 - 14.

이승미(2012). 독일 헤센 주의 역량기반 교육과정 편성 사례 연구. **교육과정연구, 30**(1), 151 - 174.

이용남, 김은아(2010). 올바른 학문으로서 교육학의 새 지평 : 장상호 저「학문과 교육」논평). **교육원리연구, 15**(2), 1 - 33.

이인화(2017). 국어과 핵심역량 평가의 현황과 과제 : 초등학교 연구학교 및 수업연구회 연구 보고서 분석을 중심으로. **국어교육학연구, 52**(1), 121 - 148.

이재경(2002). 역량기반 교육과정 개발 방법론에 대한 고찰 : 마케팅 역량 강화 교육과정 체계 개발 사례를 중심으로. **교육공학연구, 18**(4), 25 - 56.

이종성(2001). **델파이 방법**. 서울 : 교육과학사

이주연 외(2017). 역량기반 학교 교육과정의 실천사례 특징 분석 : 교육과정 현구학교를 중심으로. **교육과정평가연구, 20**(1), 1 - 30.

이흔정(2010). 역량기반 교육과정의 가능성 탐색. **교육종합연구, 3**, 151 - 171.

장상호(1990). 교육의 정체혼미와 교육학의 과제. **교육이론, 5**(1), 21 - 64.

장상호(1997). **학문과 교육(상) : 학문이란 무엇인가**. 서울 : 서울대학교출판문화원.

장상호(2003). 교육발전의 도해. **교육원리연구, 8**(1), 77 - 123.

장상호(2005). **학문과 교육(중Ⅰ) : 교육이란 무엇인가**. 서울 : 서울대학교출판문화원.

장상호(2009a). **학문과 교육(중Ⅱ) : 교육본위의 삶**. 서울 : 서울대학교출판문화원.

장상호(2009b). **학문과 교육(중Ⅲ) : 교육연구의 새 지평**. 서울 : 서울대학교출판문화원.

장상호(2020). **교육학의 재건**. 파주 : 교육과학사

장연호(2018). 대학혁신의 성공요인 탐색 : 사립대학의 성공사례 중심으로. 성균관대학교 대학원 박사학위논문.

정미경, 황준성, 이선호, 허은정, 최수진, 김성기, 박상완, 안성훈 (2017). 교육개혁 전망과 과제(Ⅱ) : 초중등교육영역. 한국교육개발원 연구보고서 RR 2017 - 01.

정은정(2005). 생태학적 평가관에 기반한 논술 능력 발달 연속체 개발. 서울교육대학교 교육대학원 석사학위논문.

정은해(2005). 가다머 「진리와 방법」. 서울대학교 철학사상연구소. **철학사상, 별책** 5(11), 1-203.

조상연(2015). 2015 개정 교과 교육과정 시안에 대한 비판적 검토. **초등교육연구,** 28(3), 199-227.

차경수, 모경환(2008). **사회과 교육**. 서울 : 동문사.

최상덕, 서영인, 황은희, 최영섭, 장상현, 김영철(2013). 미래 인재 양성을 위한 핵심역량 교육 및 혁신적 학습생태계 구축(Ⅰ). 한국교육개발원 연구보고서 RR 2013-20.

최상덕, 서영인, 최영섭, 이상은, 김경은, 김기헌, 임종헌, 이옥화(2014). 미래 인재 양성을 위한 핵심역량 교육 및 혁신적 학습생태계 구축(Ⅱ). 한국교육개발원 연구보고서 RR 2014-16.

최상덕, 이상은, 김경은, 고장완, 김경숙, 김기헌(2015). 미래 인재 양성을 위한 핵심역량 교육 및 혁신적 학습생태계 구축(Ⅲ) : 고등교육을 중심으로. 한국교육개발원 연구보고 RR 2015-23.

최성욱(2014). '교육목표'에 함축된 '교육' 개념의 해체. **교육원리연구,** 19(1), 1-29.

최성욱(2016). 본위 선택에 따른 융합교육의 양태 고찰. **융합교육연구,** 2, 1-22.

최성욱(2018). **커리큘럼과 수업의 성찰**. 서울 : 학지사.

최성욱, 김영진, 김민정, 문채원, 최아영(2020). '전인교육' 용어에 내포된 '교육' 개념의 해체. **교육원리연구,** 25(1), 59-78.

최수진(2017). 국내 고등학교의 역량기반 교육과정 실행 모습과 과제. **교육과정연구,** 36(1), 169-196.

최승현, 곽영순, 노은희(2011). 학습자의 핵심역량 제고를 위한 교수・학습과 교사교육 방안 : 중학교 국어, 수학, 과학 교과를 중심으로. 한국교육과정평가원 연구보고 RRI 2011-1.

최연아(2015). 역량중심 교육과정에 대한 초등 교사들의 이해와 실천사례연구. 서울대학교 대학원 석사학위논문.

한국교육개발원(2017). OECD 교육 2030 참여 연구 : 역량 개념틀 타당성 분석 및 역량 개발을 위한 교육과제. 한국교육개발원 연구보고 RR 2017-18(RR).

한국교육개발원(2019). OECD 교육 2030 참여 연구 : 미래지향적 역량교육의 실행 전략 탐색. 연구보고 RR 2019-06.

한국교육개발원(2020). OECD 교육2030 참여연구 : 미래지향적 역량교육 실행을 위한 교사의 역할. 연구보고 RR 2020-3.

한국교육과정평가원(2008). 미래 한국인의 핵심역량 증진을 위한 초중등학교 교육과정 비전 연구(Ⅱ) : 핵심역량 영역별 하위요소 설정을 중심으로. 한국교육과정평가원 연구보고 RRC 2008-7-1.

한국교육과정평가원(2015). 국제 비교를 통한 국가 교육과정 적용체제 개선. 연구보고 RRC 2-15-6.

한국교육과정평가원(2016). 21세기 역량기반 교육과정 개발 방향 연구 : OECD education 2030. 연구보고 RRC 2016-5.

한국교육과정평가원(2018). 국가수준 교육과정 문서 체제 분석 및 개선방향 탐색 연구. 연구보고 RRC 2018-9

한혜정, 김영은, 이주연, 곽상훈, 김정윤, 한충희(2016). 2015 개정 교육과정에 따른 초·중등학교 교육과정 편성·운영 방안. 한국교육과정평가원 연구보고 RRC 2016-4.

한혜정, 이주연(2017). 학문중심 교육과정 및 이해중심 교육과정과의 비교를 통한 역량기반 교육과정 이해. **교육과정평가연구,** 35(3), 203-221.

한혜정, 김기철, 이주연, 장경숙(2018). 역량기반 교육과정에 대한 국내 선행연구의 이론적 논의 분석 및 쟁점 탐색. **교육과정평가연구,** 21(3), 1-24.

홍원표, 이근호, 이은영(2010). 외국의 역량기반 교육과정 현장적용 사례 연구 : 호주와 뉴질랜드, 캐나다, 영국의 사례를 중심으로. 한국교육과정평가원. 연구보고서 RRC 2010-2.

홍원표, 이근호(2011). 역량기반 교육과정의 현장적용 방안 연구 : 캐나다 퀘벡의 사례를 중심으로. **교육과정연구,** 29(1), 67~87.

홍원표, 곽은희(2014). 역량기반 교육과정의 국내사례 분석 : 두 교사의 수업 변화를 중심으로. **교육과정연구,** 32(2), 163-186.

홍후조(1999). 국가 수준 교육과정 개발 패러다임의 전환(1) - 전면 개정형에서 점진 개선형으로 -. **교육과정연구,** 17(2), 209-234.

황은희 외(2019). 교육혁신 사례 분석을 통한 미래교육 실천 과제. 한국교육개발원, 연구보고 RR 2019-05

Ashworth, P. D. & Saxton, J. (1990). On competence. *Journal of Further and Higher Education, 14*(2), 3 - 25.

Athey, T. & Orth, M. (1999). Emerging competency methods for the future. *Human Resource Management, 38*, 215 - 225.

Bates I. (2002). *The competence and outcomes movement : The landscape of research*, 1986 - 1996. School of Education, University of Leeds. Education - Lone.

Becker, G. (1996). Human capital : One investment where America is way ahead. Business Week (March).

Boyatzis, A. R. (1982). *The competent manager : A model for effective performance.* New York : John Wiley.

Brundertt, M. (2000). The question of competence : The origins, strengths, and inadequacies of a leadership training paradigm. *School Leadership & Management, 20*(3), 353 - 359.

Bull, H. (1985). The use of behavioural objectives. *Journal of Further and Higher Education, 9*(1), 74 - 80.

Ewens, T. (1979). Analyzing the impact of competence - based approaches on liberal education. In Grant, G. *et al.* (Eds.), *On competence; A critical analysis of competence - based reforms in higher education.* San Francisco, CA : Jossey - Bass. 160 - 198.

Fagan, E. (1984). Competence in educational practice : A rhetorical perspective. In Short, E. (ed.), *Competence . Inquiries into its meaning and acquisition in educational settings.* New York : University of America Press.

Gerring, J. (2004). What is a case study and what is it good for? *American Political Science Review, 98*(2), 341 - 354.

Grant, G. (1979). Implications of competence - based education. In Grant, G. *et al.* (Eds.), *On competence : A critical analysis of competence - based reforms in higher education.* San Francisco, CA : Jossey - Bass. 1 - 17.

Green, A. (2014). Core skills, general education and unification in post-16 education. *Qualifications, Frameworks and Systems, 88*, 14-19.

Grzeda, M. M. (2005). In competence we trust? Addressing conceptual ambiguity. *Journal of Management Development, 24*(6), 530-545.

Harris, J. R. (1998). *The nurture assumption : Why children turn out the way they do.* New York : Free Press.

Gadamer, H. G. (1989). *Truth and method (2nd Revised).* New York : Continuum.

Hyland, T. (1993). *Competence, knowledge and education. Journal of Philosophy of Education, 27*(1), 57-68.

Hyland, T. (1993). Professional development and competence-based education. *Educational Studies, 19*(1), 123-32.

Hyland, T. (1997). Reconsidering competence. *Journal of Philosophy of Education, 31*(3), 491-503.

IBSTPI (2005). Competences. http : //ibstpi.org/competencies.htm

Kozulin, A. (2003). Psychological tools and mediated learning. *In Kozulin, A., Jindis, B., Ageyev, V. S., and Miller, S. M. (eds.), Vygotsky's educational theory in cultural context.* Cambridge University Press. 15-38.

Lagemann, E. C. (2000). *An elusive science : The troubling history of education research.* Chicago : the University of Chicago Press.

Heidegger, M. (1962). *Being and time.* (Trans. Macquarrie, J. & Robinson, E.). New York : Harper & Row.

McClelland, D. C. (1973). Testing for competence rather than for intelligence. *American Psychologist, 28*(1), 1–14.

McClelland, D. C. (1993). Introduction. In Spencer, L. M. & Spencer, S. M. (Eds.), *Competence at work : Models for superior performance.* New York : John Wily & Sons. 3-8.

Ministry of Education (2007). *The New Zealand curriculum.* Ministry of Education.

Mirabile, R. J. (1997). Everything you wanted to know about competency. *Modeling and Development, 51*(8), 73 - 77.

Murray Jr, J. W. & Hammons, J. O. (1995). Delphi : A versatile methodology for conducting qualitative research. *The Review of Higher Education, 18*(4), 423 - 436.

NCES (2002). Defining and assessing learning : Exploring competency - based initiatives. NCES, 2002159.

Neunmann, W. (1979). Educational responses to the concern for proficiency. In Grant, G. *et al.* (Eds.), *On competence : A critical analysis of competence - based reforms in higher education.* San Francisco, CA : Jossey - Bass. 66 - 94.

OECD (2003). *Definition and selection of competencies : Theoretical and conceptual foundation.* OECD Press.

OECD (2018). *The future of education and skills : Education 2030.* OECD.

Parry, S. B. (1996). The quest for competencies : Competency studies can help you make HR decision. *Trainig, 33*(7), 48 - 56.

Prahalad, C. K, & Hamel, G. (1990). The core competence of the corporation. *Harvard Business Review,* 79 - 91.

Pring, R. (1978). Curriculum content : Principles of selection. In Lawton, D. *et al.*, (Eds.), *Theory and practice of curriculum studies.* London : Routledge & Kegan Paul. 137 - 148.

QCA(Qualifications and Curriculum Authority) (2008). *National curriculum.* Qualifications and Curriculum Authority.

Rickman, H. P. (Ed) (1979). *Dilthey : Selected writings.* Cambridge : Cambridge University.

Rothwell, W, J. & Lindholm, J. E. (1999). Competency identification, modeling and assessment in the USA. *International Journal of Training and Development, 3*(2), 90 - 105.

Rychen, D. S. & Salganik, L. H. (2003). A Holistic Model of Competence. In Rychen, D. S. and Salganik, L. H. (Eds.), *Key competencies for a successful life and a well-functioning society*. Cambridge. MA : Hogrefe & Huber Publisher. 41-61.

Schultz, T. W. (1981). *Investing in people : The economics of population quality. Berkely*, CA : University of California Press.

Sfard, A. (1998). On two metaphors for learning and the dangers of choosing just one. *American Educational Research Association. 27*(2), 4-13.

Short, E. (1984). Competence reexamined. *Educational Theory, 34*(3), 201-207.

Short, E. (1985). The concept of competence : Its use and misuse in education. *Journal of Teacher Education, 36*(2), 2-6.

Spencer, L. & Spencer, S. (1993). *Competence at work : Models for superior performance*. New York : John Wily & Sons.

Stake, R. E. (1978). The case study method in social inquiry. *Educational Researcher, 7*(2), 5-8.

Thurow. L. C. (1999). *Building wealth : The new rules for individuals, companies, and nations in a knowledge-based economy*. 한기찬(역)(2007). 지식의 지배. 서울 : 생각의 마우.

UNDP (1988). *Capacity for development : New solutions to old problems*. London : Routledge.

White, R. (1959). Motivation reconsidered : The concept of competence. *Psychological Review, 66*, 279-333.

찾아보기

[인 명]

ㅌ

ㅍ

ㅎ

저/자/약/력

■ 허지원(Jiwon Heo)

· 한국교원대학교 대학원 교육학과(교육학박사)

· 남부대학교 교직과 교수

· 연구분야: 역량기반 교육과정, 생애주기 교육과정, Ai 교육과정

· 연락처: hjw123@nambu.ac.kr

역량기반 교육과정의 이해

초판 1쇄 인쇄-2023년 12월 20일
초판 1쇄 발행-2023년 12월 30일

•

저 자-허지원

•

발행인-김 의 용
발행처-교육아카데미

•

주소-서울시 성북구 한천로70길 15 - 1(석관동)
전화-(02) 967 - 9947(代), 3142-9924
팩스-(02) 967-9948
E-mail : educa9937@naver.com
등록-1996년 9월 6일, No 2 - 2243

•

정가 16,000원